智能会计实务

Intelligent Accounting Practice

主　编　◎　孙漫红　李　静

副主编　◎　徐　莹　何　欣

参　编　◎　韩晓娜　秦佳铭　于令建
　　　　　　宗晓洁　李海星　邢　伟

首都经济贸易大学出版社

Capital University of Economics and Business Press

·北　京·

图书在版编目（CIP）数据

智能会计实务 / 孙漫红，李静主编. -- 北京 ：首都经济贸易大学出版社，2025. 5. -- ISBN 978-7-5638-3806-6

Ⅰ. F234.4

中国国家版本馆 CIP 数据核字第 2024CC6339 号

智能会计实务

ZHINENG KUAIJI SHIWU

主　编　孙漫红　李静

副主编　徐　莹　何　欢

参　编　韩晓娜　秦佳铭　于令建　宗晓洁　李海星　邢　伟

责任编辑　陈雪莲

封面设计　砚祥志远·激光照排
　　　　　TEL: 010-65976003

出版发行　首都经济贸易大学出版社

地　　址　北京市朝阳区红庙（邮编 100026）

电　　话　（010）65976483　65065761　65071505（传真）

网　　址　https://sjmcb.cueb.edu.cn

经　　销　全国新华书店

照　　排　北京砚祥志远激光照排技术有限公司

印　　刷　唐山玺诚印务有限公司

成品尺寸　185 毫米×260 毫米　1/16

字　　数　273 千字

印　　张　11.5

版　　次　2025 年 5 月第 1 版

印　　次　2025 年 5 月第 1 次印刷

书　　号　ISBN 978-7-5638-3806-6

定　　价　45.00 元

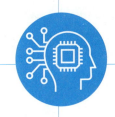

前　言

随着大数据、人工智能等新技术的快速发展，企业财务人员的核心能力正从"核算会计职能"向"管理会计职能"加速转变，产业"数智化"转型升级需要能适应"数智化"环境的"业财税一体化智慧管理人才"。"企业转型，财务先行"，学校作为财务人才培养的主阵地，必须与时俱进，将培养"数智"财务应用人才作为会计专业转型升级的重点方向之一，优化整合课程内容，增设智能会计相关课程。

基于当前企业"数字化"转型需求以及未来"人工智能+财务"新业态下会计岗位的新需要，本书编者联合厦门科云信息科技有限公司，针对中职学生的学情，依托其会计事务专业"会计基础"与"企业财务会计"等核心课程的学习基础而共同开发了"智能会计实务"拓展课程，旨在培养具备良好会计专业素养与综合实践能力，能适应"人工智能+财务"新业态下会计岗位需求的高素质会计技能人才。

本书秉持"能力为本，需求导向"的人才培养目标，对接 1+X 企业财务与会计机器人应用职业技能等级标准，采用"教学内容项目化，项目任务岗位化，岗位任务操作化，学习任务实用化"的基本设计思路，以"厦门铭鸿电子科技有限公司"真实发生的典型工作任务为主线，以"真任务、真凭证、真岗位"为手段，将教学过程与工作过程对接，旨在形成"重基强能、书证融通、专长拓展"的课程体系。

本书将课程内容按照智能会计岗位要求，设计为 5 个项目 21 个子任务（见本书目录），通过"学习目标、知识框架、知识准备、实训任务、操作指导、知识点拨、云端演练、考核评价"八个教学环节，将"新技术、新业态、新标准、新岗位"要求融入课程。详细介绍大数据、人工智能、OCR 识别、RPA 等新技术在财务领域的应用及影响，如数据的采集、存储、处理和分析，以及如何利用大数据

技术挖掘财务数据中的潜在信息，为企业决策提供支持；讲解云计算技术对智能会计的影响，包括会计信息的云存储、云核算以及基于云计算的智能财务云平台的使用，强调其在提高会计工作效率和降低成本方面的作用；剖析人工智能技术在智能会计领域的应用，如智能财务机器人的工作原理、能够处理的业务类型（如票据扫描、票据智能识别、机器学习、业务建模、生成凭证）等智能财务相关知识与技能。将业务与财务、核算与管理、会计与新技术有效融合，为学生适应企业"数字化"转型打下坚实的基础。

参与本书编写工作的教师有：孙漫红、李静、徐莹、何欣、韩晓娜、秦佳铭、于令健、冷春梅、邢伟。孙漫红、李静担任主编，负责策划并定稿；徐莹、何欣担任副主编，负责全书统稿工作。

由于编写时间仓促，笔者水平有限，书中难免存在疏漏、错误之处，敬请广大读者批评指正。另外，本书编写过程中参考了厦门科云信息科技有限公司自主研发、设计和发行的《企业财务与会计机器人应用》教材，在此一并表示感谢！

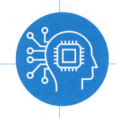

目　录

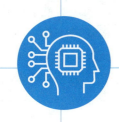

项目一　新技术与财务融合认知

任务1　新技术如何改变未来财务工作

🎯 学习目标

- 了解传统账务处理的弊端；
- 理解大数据、人工智能、区块链等新技术的基本概念；
- 熟悉大数据、人工智能、区块链等新技术的应用场景；
- 熟悉大数据、人工智能、区块链等新技术在财务领域的应用。

☑ 知识框架

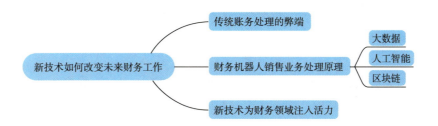

📋 知识准备

一、传统账务处理的弊端

　　计算机技术与信息技术的每一次迭代革新都对财务工作产生了重大影响。计算机的诞生，使得传统的手工记账方式逐渐被会计电算化所替代。互联网的出现又使得财务流程和组织模式发生重大变化，财务共享模式应运而生。时至今日，会计电算化已经普及。但是会计电算化的核算系统仅能实现会计核算工作中后半程的自动化，对于原始单据的采集、审核以及编制会计分录这些简单重复的工作，仍需进行手工处理。处理原始单据、审核并编制会计分录会耗费大量工作时间，但它们却是账务处理的基础，是重中之重，因为基础数据的正误最终会影响到财务报表的生成。对于企业来说，让财务人员摆脱重复性工

作，进行高附加值创造，提升企业效益显然更为重要。因此，将大数据、人工智能、区块链等创新技术引入财务工作中，运用新技术去完成部分标准化、流程化的业务工作，将在极大程度上降低财务人员现有工作量，使其从烦琐的业务中解脱出来。

二、财务机器人销售业务处理原理

科学技术是第一生产力。现代科技每发展前进一步，都会引起社会生产力的变革。进入创新型发展时代，数字经济、智能制造、生命健康等产业迎来新风潮，而这些发展都离不开大数据、人工智能、区块链等新技术的创新驱动。

（一）大数据

麦肯锡全球研究所对大数据给出的定义是：一种规模大到在获取、存储、管理、分析方面大大超出了传统数据库软件工具能力范围的数据集合，具有数据规模大、数据流转快、数据类型多和价值密度低四大特征。简言之，大数据就是更大、更复杂的数据集合，包括来自新数据源的数据集。通常这些集合的数据量庞大，从中获取有用的信息困难重重。

利用大数据的关键不在于拥有多少数据，而在于如何从海量数据中剥离出更有价值的信息。在访问和使用数据上，可以将其流程分为六个部分：数据提取、数据存储、数据清洗、数据挖掘、数据分析和数据可视化。数据提取是通过多种方式获取所需的数据，利用API（应用程序编程接口）来调用相关的web服务获得相关数据。数据存储是大数据的主要难点之一，主要取决于建立数据存储的预算和相关专业知识。数据清洗则是对无用数据进行剔除，以确保数据整洁并将其转化成一定格式的文件。数据挖掘是对数据进行洞察的过程，是提供预测和分析的基础。数据分析是对数据集进行分析，找寻其中蕴含的模型和趋势，发现其中的价值所在。数据可视化是将成果进行可视化展示，一般需要通过编程语言或软件实现。

大数据因其特性可以应用在需要处理大量数据的行业中。以互联网企业为例，互联网企业本身拥有大量的线上数据，客户会在互联网平台上留下大量行为信息。通过运用大数据技术对这些数据加以分析，帮助企业制定针对性服务策略，从而获取更大的效益。比如在电商平台上，通过采集用户的各类数据，为用户进行画像，分析其性别、身高、职业、购买力、喜欢的颜色、所处的位置、促销敏感度等信息，进行精准营销，实现个性化定制服务、商品个性化推荐等。在银行领域，同样可以利用大数据技术对客户进行画像，分析客户的资产结构和负担能力，针对性推荐理财产品，精准营销，并从中找寻出高端客户群体，进行有效维护。另外，利用大数据技术还可以对企业的贷款风险进行评估以及欺诈交易识别，从而帮助银行降低资金风险。大数据主要应用在欺诈行为分析与检测、定价分析与优化、供应链和渠道分析、社交媒体行为分析、客户分析、设备管理等方面。

（二）人工智能

人工智能（artificial intelligence，AI）是研究、开发用于模拟、延伸和扩展人的智能的理论、方法、技术及应用系统的一门新的技术科学。其研究领域包含机器人、图像识别、自然语言处理、语言识别等。AI主要是对人的意识和思维的模拟，在未来有望超越人类思维达到更高层次应用。

常见的人工智能应用有语音识别、自然语言处理（natural language processing，NLP）、图像识别、实时推荐等。语音识别是将语音转化为文本的技术，可将语音输出的词语转换为数字化文本。自然语言处理是使应用程序、计算机或机器能够理解、解释和生成文本，比如苹果的Siri、聊天机器人和其他虚拟助手等；除此之外，还可以通过情感分析来检测语言的情绪、态度或其他主观因素，结合图像识别等应用进行财务单据的业务场景识别，完成自动账务核算。图像识别是识别和分类静止图像或运动图像中的对象、人物、书写甚至动作的AI技术。实时推荐主要是零售和娱乐网站使用人工智能和大数据技术对顾客的过去活动进行分析，在线推荐产品。比如在淘宝或者亚马逊网站上购物，经常会被推荐一些可能喜欢的产品，这些购物网站就是根据顾客的收藏、购买、搜索记录等最近浏览的产品信息进行精准分析后向顾客智能推送相关产品，从而吸引顾客进行购买的。

（三）区块链

区块链起源于比特币，是比特币的底层技术之一。区块链是一个分布式账本，就像所有账本一样，用来记录和验证交易。由于它是分布式的，所以网络中的每个参与者在自己的计算机上都拥有分类账的完整副本。区块用于存储记录交易信息。每个区块都包含上一个区块的哈希值，多个区块串联在一起形成的结果就叫区块链。其核心技术是分布式账本、非对称加密、共识机制和智能合约。

区块链的特征是去中心化、开放性、独立性、匿名性和信息不可篡改性。去中心化是区块链技术的核心价值所在。去中心化是相对于中心化而言的一种形态，区块链的数据分散存储在网络的众多节点上，每个节点之间可以自由连接形成新的连接单元，在系统中，每个节点，也就是每个参与者的权利和义务都是对等的。举例来说，假设买家在电商平台上购买一箱矿泉水，在进行这笔交易时，交易流程通常是：买家付款购物并将钱打给第三方支付平台→第三方支付平台收款后通知卖家发货→经物流运送→确认收货→第三方支付平台将钱转给卖家。表面上看是买卖双方直接进行交易，实质上是交易双方与第三方支付平台进行交易。这种简单的交易模型就是基于中心化的。而区块链的去中心化就是买卖双方直接交易，交换钱和货物，双方都声称完成了交易即可。区块链让每个人都有一个"账簿"，任意双方进行一笔交易，交易信息就会被记录在"账簿"上，同时广播复制到所有人的"账簿"上。也就是买家将钱支付给卖家并将转账信息记录在自己的"账簿"上，同时将这条交易信息广播给网络里的所有参与者，在他们自己的"账簿"上分别记录。卖家收到转账信息后，在自己的"账簿"上进行记录、发货，并将该事实记录和广播出去。买家收到货后，该笔交易即完成。区块链的开放性表现在系统数据是公开透明的，每个人都可以参与进来。独立性表现在整个区块链系统不依赖其他第三方，所有节点能够在系统内自动安全地验证、交换数据，不需要任何人为的干预。匿名性表现在区块链上不会有个人信息，这些信息是进行加密的，各区块节点的身份信息不需要公开或验证，信息传递可以匿名进行，并且信息存储到区块链中就被永久保存，不可篡改。

尽管区块链的运作复杂，但其作为一种分布式账本，具有分散式记录保存的形式，以及隐私性强、安全性高等技术特点，值得应用到许多业务场景中。

1. 支付和数字货币。区块链的去中心化特征，为目前的支付和现金交易提供了一种更为直接的方式。利用区块链技术可进行国内外直接支付，无须中介，费率超低且高效。此外，在数字经济时代，数字货币将成为未来发展的大趋势。相较于传统的纸质货币，数字货币具有易携带、易存储、流通便利、成本低等特点。区块链所具有的信息安全加密性和不可篡改性两大特点，可以为数字货币提供安全保障。

2. 供应链金融。在供应链金融方面，区块链可以缓解信息不对称问题，实现对供应链上下游企业的可信放贷、供应链溯源防伪、交易验真、及时清算等，也可省去第三方中介环节，实现点对点的直接对接，在降低成本的同时大幅提升交易速度。

三、新技术为财务领域注入活力

会计行业的每一次变革与发展都是由新技术所驱动的。计算机信息技术的发展使得传统的手工记账方式逐渐被替代。以 ERP 为代表的技术在企业中得到广泛应用，提升了企业财务会计和管理会计的效率，对财务流程和组织模式产生了重大影响。而随着人工智能、大数据、区块链等新兴技术的日臻成熟，越来越多的人开始探索新技术在财务中的融合，财务分析中心、成本中心、利润中心和现金中心等新的会计形态和模式不断涌现。这些新技术的应用对会计行业来说具有重大意义。

对于企业来说，提升经济效益，获取更多利润，削减不必要支出是其发展的第一要义。财务人员把握着企业的资金命脉，需要耗费大量时间从事基础性的账务处理工作，无法投入成本管控、财务分析等工作中。这显然与企业的发展背向而驰。要让财务人员摆脱这种低附加值工作，创造更高的效益，就要找到解决方法，而引入新技术就是解决方法之一。以人工智能为例，人工智能技术在财务领域的主要应用之一就是财务机器人。利用财务机器人完成单据的自动识别、自动审核、自动记账等工作，由原来单一的人工化处理转化成自动化处理，这些改变既减少了大量重复性的人工作业，提高了工作效率，加快了会计信息交换的节奏，也实现了作业流程的标准化、规范化，进而达到提升企业经济效益的目的。

另外，账务处理只是财务基础工作的一部分，更为重要的是通过财务数据去探索数据背后的真相，分析企业财务数据，发现其中症结所在，管控企业风险，提升管理能力。通过大数据技术，我们可以将企业内部财务数据分析结果进行可视化输出，对可视化结果进行组合并提出针对性管理建议。将企业内部财务数据与外部信息进行对比分析，做出综合判断，可以合理管控风险。此外，在大数据下，偷税漏税、造假等现象也将无处遁形。

最后，当前的会计工作仍然以"集中式账本"为基础，在这种会计模式下，上市公司的每一次重大交易和每个财季的财务报表都离不开专业审计人员的严格审计；每个个体和组织的每一次交易都可能面临因为信息不对称而遭受损失的风险；很多谋取私利的企业管理者都设法利用信息的不对称性和现有会计体系的漏洞欺诈股东和监管者；公司承担高额成本仍然难以避免审计风险带来的巨额索赔……所有这些问题在现有会计体系下可以说都是很难解决的。利用区块链技术有可能让现有会计体系发生颠覆性变革，从而使得上述问题的解决成为可能。在"大智移云"的变革时代，新兴技术和手段将为财务领域注入新活力，给其带来进一步飞跃。

任务 2　人工智能技术在财务领域的应用

学习目标

- 掌握人工智能技术的概念及应用；
- 熟悉人工智能、机器学习和深度学习的区别以及人工智能技术类型；
- 理解人工智能技术的应用场景；
- 掌握人工智能技术在财务领域的应用；
- 理解人工智能技术对财务领域的影响。

知识框架

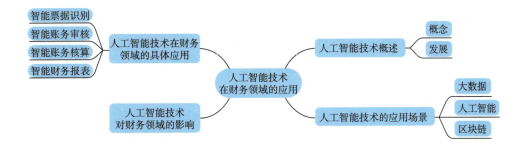

知识准备

一、人工智能技术概述

（一）概念

人工智能技术是指通过算法、数据和系统设计，让机器模仿人脑的感知、学习、解决问题和决策能力的智能系统。人工智能可以分为机器学习、机器智能、机器意识三个阶段。在机器学习阶段，机器从一系列算法中进行经验学习。在机器智能阶段，机器通过运用一系列从经验中学习的高级算法，实现对人类智能行为的模拟、延伸和扩展。在机器意识阶段，机器不需要通过外部数据机器就能从经验中自主学习并完成任务。目前的人工智能技术发展尚处于机器智能阶段，尚未达到完全的机器意识阶段。

人工智能、机器学习以及深度学习三者之间的关系可以简单理解为：机器学习是人工智能的子集，而深度学习则是机器学习应用的子集。人工智能是一个宽泛的概念，其研究内容可以覆盖整个计算机技术领域。人工智能的研究目的是使智能机器会听、会说、会思考、会行动等。其研究范围广泛，机器学习和深度学习就涵盖其中。深度学习与其他机器学习之间的区别，通俗点说，就像苹果的 Siri 或亚马逊的 Alexa（无须训练即可识别语音命

令）与十年前的语音类型应用程序之间的区别。但是深度学习模型支持更复杂的应用程序，其中包括图像识别系统，该系统可以比人类更快、更准确地识别日常物体。

（二）发展

人工智能的起源大概可追溯到 20 世纪五六十年代。"计算机之父"阿兰·图灵提出"机器可以思考吗？"这样一个简单的问题来引出计算机智能的概念。图灵引入了一种实用的计算机智能测试，即"图灵测试"。图灵测试是说如果一台机器能够与人类开展对话而不能被辨别出机器身份，那么这台机器就具有智能。到了 1956 年，以麦卡赛、明斯基、罗切斯特和申农等为首的科学家共同研究和探讨用机器模拟智能的一系列有关问题，并首次提出了"人工智能"这一术语，这标志着"人工智能"这门新兴学科的正式诞生。在人工智能起步阶段，计算机被广泛应用于数学和自然语言领域。受制于当时的计算机性能等问题，相关的人工智能研究并未深入。

计算机性能的大幅提升和神经网络技术的逐步发展，使得人工智能技术进入新一轮的发展阶段，这一阶段的标志性突破便是深度学习。在语音和视觉识别上，深度学习算法有着传统算法无法比拟的优势，其识别率分别超过 99% 和 95%。基于深度学习的人工智能在众多领域取得突破，例如 Google 的无人驾驶汽车上路，Deepmind 的 AlphaGo 战胜围棋冠军。

二、人工智能技术的应用场景

人工智能技术可以说是商业价值最高的一项技术，带动了众多行业的发展。因应用领域广泛，人工智能技术可以与许多行业项目进行结合，产生经济效益，并促进产业升级。例如，在数据分析方面，金融行业由于良好的数据基础和服务属性，成为最被看好的人工智能应用领域之一。

金融行业的信息化建设起步早，其数据的标准化和规范化有利于机器人进行数据采集和数据积累。金融业务会产生大量烦琐的数据处理工作，通过人工智能的自动化和智能化变革可以解放人力。对于银行和金融机构来说，进行反欺诈检测、规避风险也是尤为重要的。在安全性和欺诈识别方面，人工智能可以检测出用户过去在不同交易工具上的消费行为来分析指出其中奇怪的行为，例如在某个地方使用银行卡进行消费后，仅几个小时就在另一个国家使用该卡进行消费，或者尝试提取一笔不常见的款项。机器之所以出色，是因为它们可以在短时间内处理大量数据。在交易管理方面，可以利用人工智能观察过去的交易数据、分析交易模式并利用这些模式分析和预测将来的交易曲线。另外，根据投资者的风险偏好，人工智能可以提供投资组合解决方案以满足投资者的需求，分析何时购买、持有和出售股票并发出有关市场下跌的预警，从而帮助投资者决定是否继续投资市场或退出市场。

三、人工智能技术在财务领域的具体应用

（一）智能票据识别

通过 OCR 技术，以及基于卷积神经网络的深度学习算法，我们可以将单据上的信息

进行有效提取，达成对基础数据的智能提取和影像采集，并利用计算机进行传递，完成后续的自动账务核算。单据的智能识别应用减少了发票信息录入、审核的工作量。人工智能识别的关键在于准确率，准确率在95%以上的基本上达到了可用门槛。准确率越高，人工智能所需训练的样本量越大，研发投入成本也越高。基于人工智能的图片识别技术，在海量数据的基础上，人工智能能够不断自我学习和训练，从而达到不断提升准确率的目标。目前财务机器人的票种可以覆盖增值税发票、打车票、机票行程单、火车票、汽车票、通行费等大部分国内票据。增值税发票的识别准确率可以达到99%以上，其他发票的识别准确率可以达到95%以上。

（二）智能账务审核

通过内置财务审核规则，替代原有的人工审核方式，精准实现规范全面的财务审核。在财务领域，人工智能除了识别票据，还可以审核业务真实性、金额准确性、单据规范性、合规性、完整性等内容。在智能账务审核环节，财务机器人依照税法相关规定、发票管理办法，结合企业内部规章制度等进行规范性审核。例如：开票内容不得出现"烟酒、土特产品、烟花爆竹、年历"；菜单中不得出现"燕窝、鱼翅"等高档菜肴；开票内容出现"花卉、水果、年货节礼"，只允许从离退休费、职工福利费中支出；销售方名称包含"KTV""高尔夫""健身""足浴""会所""旅游"等不得报销。通过人工智能可以使财务最繁重、管控最容易错漏的环节实现智能化，效率、质量、全面性大幅提升。

（三）智能账务核算

财务机器人进行自动账务处理的基础是要求可量化、规则明确、保持相对稳定的业务。会计在进行账务处理时需要遵循会计制度以及财务报告准则。在会计制度中，甚至连科目都以法规的形式做了约束，核算的规则化程度极强。智能账务核算环节是财务机器人的关键环节，其流程主要是财务机器人通过计算机视觉替代人眼的功能，进行非结构化数据和信息集成，完成单据的识别及信息归集。自然语言处理主要是替代人脑功能，进行信息判断，实现场景、行为、业务识别等功能。财务机器人是计算机科学的一个分支，更具体地说，是人工智能的一个分支，将计算语言学与统计、机器学习和深度学习模型相结合。这些技术使得计算机能够处理文本或语音数据形式的人类语言，并"理解"其全部含义，也就是让计算机以人类可理解的方式理解文本或口语。从研究内容来看，自然语言处理包括语法分析、语义分析、篇章理解等。自然语言处理的应用包罗万象，诸如机器翻译、手写体和印刷体字符识别、语音识别及文语转换、信息检索、信息抽取与过滤、文本分类与聚类、舆情分析等。其中，与语言处理相关的有数据挖掘、知识获取、知识工程等。

财务机器人通过光学字符识别技术对票据进行识别，读取发票并提取相关信息，如发票号码、供应商名称、发票联次、明细项目、数量、金额等信息；利用自然语言处理和建模完成对该单据的业务场景和业务行为的识别，结合RPA（机器人流程自动化）技术自动完成信息系统中的部分流程操作。在智能账务核算环节，财务机器人在完成原始凭证等相关基础数据识别和收集的基础上完成单据的会计分录编制，即自动完成账务处理。财务机器人替代大部分财会人员完成重复性、机械性的工作，解放了财会人员的双手。

（四）智能财务报表

企业基于人工智能技术，将财务管理规范和相关制度的执行标准，应用到财务机器人中。企业应用财务机器人有利于传统的财务人员由核算型转向管理型，提升企业管控效率。计算机的计算能力是人工无法超越的，在财务分析方面，人工智能可以很好地运用这一优势。机器人自动识别单据，完成智能账务核算、数据整合，最终形成财务报表。在传统账务处理模式下，针对财务数据制作分析图表费时费力。现在，利用财务机器人和计算机应用就能自动出具相关分析数据图表，实现多维分析，财务人员可以通过对比其中的差异及不合理之处，提出相对应的改善建议。

四、人工智能技术对财务领域的影响

（一）解放财务人员，促进财务人员转型

会计作为企业内部业务的经济价值衡量者及披露者，对企业的营运与发展起着至关重要的作用。企业财务人员整日投身于烦琐的会计核算工作，自身价值得不到很好地实现，无法更多地参与到企业的战略决策中和提供更多有价值的财务及风险管理建议。企业也不能准确及时地收到可用的会计信息。利用财务机器人进行 OCR（光学字符识别）技术自动识别等，让会计工作的方式从原来的单一人工化转化成无人自动化，既减少了大量的重复性人工作业，又提升了工作效率，加快了会计信息交换的节奏，实现了作业流程的标准化、规范化，将财务人员从传统的账务核算中解放出来，让其有时间和精力去完成更多具有创造性的工作。会计工作自动化的价值，不只是体现在减少了多少会计人员的工作，更多地体现在让企业和财务人员能够创造新的更高的价值上。

（二）提升企业经济效益和风险预警能力

在使用财务机器人进行基础的、重复性财务工作的基础上，企业可以削减财务人员数量，从而达到控制企业用人成本、提升经济效益的目的。企业要把财务机器人应用作为企业数字化、人工智能化的转型起点，去驱动业务模式和管理模式的革新，并且利用人工智能技术对企业财务数据进行全面的分析，洞察企业财务信息中存在的风险，依此进行风险防范，提升经济效益，增强企业可持续发展能力。

任务 3　OCR 技术在财务领域的应用

◎ 学习目标

- 理解 OCR 技术基本概念与分类；
- 了解 OCR 技术的简要发展历程；
- 熟悉 OCR 方法及相关识别流程；
- 掌握 OCR 技术的应用场景；
- 掌握 OCR 技术在账务处理中的应用。

知识框架

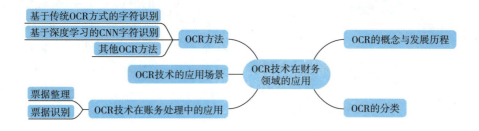

知识准备

一、OCR 的概念与发展历程

OCR 英文全称为 Optical Character Recognition，中文名称为光学字符识别，是利用光学技术和计算机技术，将报刊、书籍、文件等印刷制品或写在纸上的文字识别读取，进而转化为可编辑信息的一种技术。

"OCR" 这一概念的提出始于 1929 年，由德国科学家 Tausheck 率先提出并申请专利。直到计算机的诞生与发展才使这一技术焕发生机。其发展流程大致可以分为三个阶段。

第一阶段：基于印刷体字符的识别。早在 20 世纪 60 年代初，IBM、NCR、日立、富士通等公司就分别研发出自己的 OCR 软件和产品。其中，IBM 的 1418 型 OCR 产品可以将打字或印刷的信息直接读入机器中，速率达每秒 480 个字母，印刷数据可直接译成机器语言，并输入计算机中。虽然该阶段的 OCR 产品层出不穷，但其字符识别范围较小，仅限于印刷体数字、英文字母及部分符号且必须采用指定的字体。

第二阶段：基于手写体字符的识别。20 世纪 60 年代中期到 70 年代，OCR 技术突飞猛进，所识别字符不再局限于印刷体字符，许多公司、科研机构开始更进一步探求手写体字符识别。例如，日本东芝公司研发出世界上第一个实现手写体邮政编码识别的信函自动分拣系统，通过识别邮件上的手写邮政编码，帮助邮局进行区域分信作业。该技术后续不断改进，被广泛应用于邮政系统中。这一阶段的 OCR 产品已经可以在现实生活中大范围使用，并且发挥良好作用，但前期对于手写体字符的识别仅限于手写数字的识别，对于手写文字等识别要求较高的文字，还需进一步研究。

第三阶段：突破壁垒。到了第三阶段，对于印刷体字符的识别精准度已经比较高了，手写体字符识别发展也从早期的识别数字转向识别文字。1983 年东芝发布的可识别日文汉字的 OCR 系统 OCRV595，其识别速度已经达到每秒 70~100 个汉字，识别率为 99.5%。该阶段主要针对的技术问题是识别劣质文档和大字符集。至于现代意义上的 OCR 方法更多涉及涵盖深度学习、计算机科学等多种学科知识的综合性课题。此外，印刷的品质、识别方法的变更、书写习惯等种种因素，或多或少会影响到 OCR 方法的正确率。

二、OCR 的分类

图 1-3-1 文字识别分类图

OCR 的目标非常明确，就是将附着在载体上的影像信息转换成可编辑信息。基于 OCR 的文字识别按文本来源方式可以分为印刷体识别和手写体识别（见图 1-3-1）。印刷字体是机器印刷的，颜色、字符大小具有统一规范。其识别的难度在于印刷过程中文字易受纸质磨损或墨水粘连等外在因素的影响，但是通过图像处理技术可以进行大部分还原，基本保留原信息。以目前 OCR 的发展状况而言，印刷体的识别率高达 99.9%，手写体识别却不易。手写字体易受到个人书写习惯的影响，即使是同一个字，每个人写出来的效果也是不一样的。对于书写规范，字体字形接近印刷字体的，OCR 可以识别。但若手写时存在连笔现象，就会使字符识别存在难度，这也是众多公司和学者进行 OCR 研究时需要攻克的难点之一。

手写体字符识别又可分为联机手写体识别和脱机手写体识别。联机手写体识别是指通过物理设备获取字符信息，如通过触摸屏、数字笔、数字手写板等装置获取在线书写轨迹，并将其转化为一系列的电信号，再将电信号及时传输存储到计算机中。而脱机手写体识别是指通过扫描仪、摄像头等设备捕捉、采集手写文字信息，并将其导入计算机中进行处理。联机手写体识别与脱机手写体识别的区别在于，前者是基于笔画轨迹识别，后者是基于图像识别。从难度上来说，手写体识别难于印刷体识别，脱机手写体识别难于联机手写体识别。

OCR 如果按照定义就是要将所有附着在载体上的文字识别出来，那么其识别范围就将是所有语言文字，例如法语、英语、德语等。如果仅按照我国国内通用需求，那么识别内容主要包括汉字、英文大小写字母、阿拉伯数字及常用的标点符号。通常识别阿拉伯数字难度最小，阿拉伯数字从 0 至 9 只有 10 个字符且字符无大小写区分。英文字母包含大小写，要识别的有 52 个字符。相比之下，中文字符体量更为庞大，识别难度更大，常用的字符就达数千个，更不用说字体之间字形结构规则的不同、相似字符的区分等问题。如果按照识别汉字字体的不同进行分类，可大致将汉字识别分为单体印刷体汉字识别、多体印刷体汉字识别、手写印刷体汉字识别、特定人手写体汉字识别和非特定人手写体汉字识别五类（见图 1-3-2）。

图 1-3-2 汉字识别分类

单体印刷体汉字识别：仅仅识别某一种单一的印刷字体或打印机、照排机输出的文字。

多体印刷体汉字识别：能识别出印刷的多种字体文字，如黑体、宋体、楷体等。

手写印刷体汉字识别：能识别纸上的手写规整汉字。要求不能连笔书写，要规整。运用比较受限。

特定人手写体汉字识别：指定人员的手写字符识别。笔迹鉴定就属于特定人手写体汉字识别范围。

非特定人手写体汉字识别：对于任何人自由书写的汉字都能正确识别，这也是手写体汉字识别的最终目标。

目前印刷体文字识别技术较为成熟，即使是印刷质量较差的文字识别率也达95%以上。印刷体文字识别相对而言应用场景多、普及度高，在邮政、税务、海关等需要处理大量表格信息录入且信息格式较为固定，识别的字符集少，经常与专用输入设备结合使用的特定行业应用较广。

三、OCR 方法

（一）基于传统 OCR 方式的字符识别

基于传统 OCR 方式的字符识别流程可以大致分成八个阶段：输入图像、图像预处理、版面分析、行列切割、特征提取、字符识别、后处理、文本输出识别结果。（见图1-3-3）。

图 1-3-3 基于传统 OCR 方式的字符识别流程

输入图像过程是将印在纸上或写在纸上的文字通过光学仪器，如扫描仪或其他摄影器材导入计算机中。扫描仪器拍摄的影像质量对识别有一定影响。

图像预处理是指过滤干扰信息、图像增强处理等内容。预处理一般包括灰度化、二值化、倾斜检测与校正、降噪等操作。通过扫描仪等外设装备采集的图像通常为彩色图像，彩色图像由红色、绿色、蓝色三个不同的分量组成，称为三通道图像。在RGB三维图中，R、G、B分别代表红、绿、蓝三个通道的颜色，彩色图像就是通过对红（R）、绿（G）、蓝（B）三个颜色通道的变化及相互间的叠加来得到其他颜色的。在彩色图像下每一个点由三个值表示。对彩色图像进行处理时需要对三个通道依次进行处理，其中夹杂的干扰信息较多，处理较为复杂，因此需要进行灰度化处理。而灰度图是单通道图，单通道数据处理起来会更为简便。灰度化实际上就是将三维的像素点转化为一维的像素点进行处理。二值化处理就是将转化为灰度图的图形进一步转化成黑和白两种颜色的图像的过程。灰度图下每个像素点表示一个灰阶，将高于某一灰阶的像素点全部显示成白色，将低于某一灰

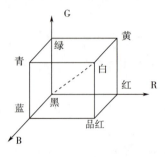

图 1-3-4　RGB 三维图

阶的像素点全部显示成黑色，这样就完成了对一幅图像的二值化处理（见图 1-3-4）。二值化处理可以使图像数据量大大减少，从而更加有利于做图像判别。此外倾斜检测与校正、降噪等也是对图像做的进一步加工，以方便后续识别工作的进行。

版面分析过程主要完成的是对图像的总体分析工作，即区分文字、表格、段落、排版顺序的区域，对识别区域的内容进行简单处理。版面分析的基本思路有两种，"自顶向下"和"自底向上"。"自顶向下"是将图像由较大的区域不断地细分为更小的区域；"自底向上"是先分割出文档图像较小的区域，然后不断合并为较大的区域。

行列切割是指对文本图像进行切割，即利用汉字行与行之间的空隙进行切割，先切割行，再根据行切割后字与字之间的空隙切割列，从而将图像中的单个字符分离出来。

特征提取是指对切割分离出的单个图像特征的提取，包括细化、归一化等步骤。这一部分是整个识别过程中最核心的一环。用什么特征？如何抽取特征？这些直接影响到所提取特征的有效性和稳定性，决定识别效果的好坏。除了特征的选取，特征降维也是至关重要的一环，降维实际上就是降低特征的个数，去除不相关特征。

字符识别流程是通过特征库匹配到与待识别字符最为相似的字符的过程。

后处理流程是利用词义、词频、语法规则等语言先验知识对识别结果进行校正的过程。

文本输出识别结果就是指通过后处理过程进行校正，最后将识别文字进行输出。

基于传统 OCR 方式的字符识别存在几点不足：一是对识别对象的图像成像条件和背景要求较高。二是在字体变换、模糊、背景干扰的情况下，识别效果不佳。三是通过识别每个单字符方式实现全文的识别，会导致上下文信息的丢失。虽然对于单个字符有较高的识别正确率，但其条目识别正确率难以保证。

（二）基于深度学习的 CNN 字符识别

1. 深度学习概述。深度学习是机器学习的一个分支领域。普通的机器学习是指基于浅层神经网络，通过设计和分析一些算法，让计算机从一堆数据中学习并分析出规律和特征。其用来对新样本进行智能识别。而深度学习是从机器学习中的人工神经网络发展衍生而来的新领域，其中的"深度"是指超过一层的神经网络。随着该领域研究的深入与拓展，深度学习已经超越了传统的多层神经网络和机器学习的范畴，逐渐朝着人工智能的方向快速发展。

谈到深度学习，就不得不提人工神经网络。人工神经网络由大量节点（或神经元）相互联结构成，通过模拟生物神经网络的结构和功能，对数据间的复杂关系进行建模，充当特征提取器和分类器。人工神经网络是众多学习算法中比较接近生物神经网络特性的数学模型（见图 1-3-5）。

Rosenblatt（1958）最早提出感知器这个概念，这是一种接近于人类学习过程的学习算

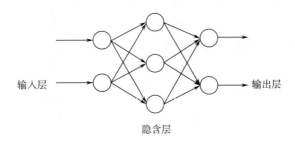

输入层 —→

隐含层

输出层 —→

图1-3-5　一种多层人工神经网络结构

法。感知器是一个二分类的线性模型，就是把一个训练集划分为正例和反例两部分，通俗来说就是老师教学生认西瓜，拿一个西瓜对学生说这是西瓜，然后再拿一个苹果说这不是西瓜，接着再拿一个不同品种的西瓜指出这也是西瓜……通过训练，学生就学会了判断哪一种水果是西瓜，哪一种不是。这种判别模型就是感知器。但是由于感知器的结构过于简单，人工神经学习网络发展一度停滞。

20世纪80年代，人们提出反向传播算法，其也称BP算法（Back Propagation）。反向传播算法在传统神经网络正向传播的基础上，增加了误差的反向传播过程。反向传播算法不断地调整神经元之间的权值和阈值，直到输出的误差在允许的范围之内，或达到预先设定的训练次数为止，完美地解决了非线性分类问题。由于20世纪80年代计算机硬件水平有限，当神经网络的规模增大，隐藏层数目增加时，使用反向传播算法会使前面隐藏层的学习速率低于后面隐藏层的学习速率，使分类准确率下降，即"梯度消失"。直到2006年，Geoffrey Hinton以及他的学生Ruslan在杂志《自然》上发表文章，正式提出"深度学习"的概念。文中详细给出了"梯度消失"问题的解决方案——通过无监督的学习方法逐层训练算法，再使用有监督的反向传播算法进行调整和优化。文章的主要观点有：一是多个隐藏层人工神经网络模型具有很强的特征学习能力；二是对于深度神经网络很难训练达到最优的问题，可以采用逐层初始化方法解决，将上层训练好的结果作为下层训练过程中的初始化参数。利用海量数据对机器进行训练，可以得到具有代表性的特征信息。

2. 卷积神经网络模型概述。深度学习模型众多，如卷积神经网络模型（CNN）、深度信任网络模型（DBN）、堆栈自编码网络模型、循环神经网络（RNN）等。与其他深度学习结构相比，卷积神经网络在影像识别上表现尤为出色，特别是在模式分类领域，可以避免对图像的复杂前期预处理，直接输入原始图像，因而得到了更为广泛的应用。卷积神经网络是一种包含卷积层的深度神经网络模型。Yann Lecun将反向传播算法应用到神经网络结构的训练上，形成了当代卷积神经网络的雏形。卷积神经网络虽然在阅读支票、识别数字之类小规模应用上效果明显，但在大尺寸图像上效果不佳，很长一段时间内没有取得重大突破。2012年Hinton教授和他的学生利用深度学习，采用更深的卷积神经网络模型在ImageNet竞赛上夺冠，使得图像识别领域的研究更进一步，基于深度学习算法的图像识别开始成为主流。

3. 基于深度学习的CNN字符识别流程。基于深度学习的CNN字符识别与传统模式下的识别方式的区别在于，其特征提取是通过计算机从大数据中自主学习实现的，而非人工

设计的。基于深度学习的 CNN 字符识别是目前图像识别领域较主流的识别方式之一，可以很好地改善传统方式下 OCR 的字符识别问题。其识别流程大致分为四步：输入图像、文字检测、文字行识别和输出识别结果（见图 1-3-6）。

图 1-3-6　深度学习识别流程

用传统方法识别每个单字符以实现全文的识别还存在困难，因为单个字符切分位置不同，产生的识别结果也会不同，例如，"行"字在切分不当时会被切分成"彳_亍"，这个过程会导致上下文信息的丢失，对于单个字符有较高的识别正确率，但其条目识别正确率难以保证。基于深度学习的 CNN 字符识别引入了上下文的信息，成为提升条目准确率的关键。其字符识别通常具有三个优点：一是识别准确率高；二是能联系上下文信息进行识别；三是抗干扰能力强。

（三）其他 OCR 方法

除了传统方式下的 OCR 字符识别和基于深度学习的 CNN 字符识别之外，还可以通过 API 调用 OCR 开放平台的服务，使用谷歌开源 OCR 引擎 Tesseract 等方式进行识别。

API（Application Programing Interface）意为应用程序编程接口。我们可以通过 API 接口实现计算机软件之间的相互通信。通俗点来说，就是我们使用数据线将电脑和手机进行连接，进行文件传输，那么数据线就是这个 API 接口。在互联网中，许多站点都将自身的资源开放提供给开发者调用。比如百度、腾讯等平台上的 OCR 开放平台。OCR 开放平台的优点是简便，但也存在局限性，即开发人员无法完全控制，开发人员调用 API，实际上就是调用开放平台的服务，返回的就是识别结果。在应用控制程度上，能够操作并改进的东西比较有限，并且大量调用的话需要收费，支出成本较高。

此外还可以使用谷歌开源的 OCR 引擎进行识别。Tessseract 是一款开源、免费的 OCR 引擎，具有很高的灵活性。它可以自行训练出需要的训练集，针对不同场合进行优化，并且支持大量的参数调整。Tesseract 引擎已经有相当悠久的历史，现有版本支持语言众多，在阿拉伯数字和英文字母上的识别精准度高并且不需要任何网络请求，可以直接在本机进行处理。虽然 Tesseract 可以自行训练适应各种字体、分辨率，但如果用它来识别中文，被识别的中文图像就需要具有规律。

四、OCR 技术的应用场景

OCR 技术已经深入我们生活的方方面面。在日常生活中，我们经常使用支付宝或微信对银行卡进行拍照识别银行卡号来绑定银行卡，这就是 OCR 证件识别应用的一部分。此外，OCR 技术还应用在票据识别、文档识别、证件识别、车牌识别、名片识别等方面。同时要注意 OCR 技术与指纹识别等生物识别技术之间的区别。

票据识别通常是利用扫描仪采集票据影像，通过 OCR 技术对其进行关键信息的识别和提取工作。在金融领域，使用 OCR 技术可以大幅度减少人工成本，提升工作效率。金融领域需要处理的纸质票据和各种单证不仅数量多，而且极为重要，因此许多金融机构投入大量的人力手工录入票据。但是人工成本、录入速度、人为失误等，严重制约了金融机构建立金融电子资料档案库的进程。使用 OCR 进行票据识别可以大大提高金融机构的业务处理效率，提升企业的市场竞争力。

文档识别是对材料上的文字进行提取。在日常办公中，我们难免需要将图片、书籍、PDF 文件上的信息进行提取，或者将纸质文档录入系统中存档，若文件量大则耗费的时间也久。常见的手机扫描 App 就利用 OCR 技术对文档进行识别，通过手机摄像头对纸质文件、PDF 等进行扫描，然后将其转为清晰的电子稿。纸质文件、手稿等资料都可以轻松地转为电子文档，稍做检查修改就可以使用，免去了繁重的录入工作，节省了时间和人力。

证件识别一般应用在金融支付、警务通、银行、保险等领域。生活中常见的证件有身份证、驾驶证、护照、港澳通行证等，这些证件上的信息非常多样，录入起来耗时且易错。自从实名制实行后，各种支付 App 都需要进行身份证绑定，用户需要对身份信息进行多次重复输入，过程烦琐。而运用 OCR，只需要用手机充当扫描仪，对身份证进行拍摄就可准确识别证件信息，进而完成绑定。

车牌识别常用于交通领域。如果说身份证是我们独一无二的识别编码，那么车牌就是车辆的"身份证"，每辆汽车都必须有唯一对应的车牌才能正常在道路上行驶。在高速路收费站，通过摄像头对车牌进行识别不仅有利于进行高速公路收费管理，加快车辆通行，减少道路拥堵；还可以对违法犯罪车辆进行识别记录，帮助警察进行抓捕和管理，以达到治安管理智能化的目的。此外，车牌识别在停车场管理方面也使用广泛。停车场的智能管理系统就是利用 OCR 技术对车牌进行抓拍。当车辆行驶进入停车场时，摄像头会抓取车牌进行识别，识别车主是不是停车场用户。如果是固定用户，闸机会自动开启，让车辆进入；如果不是固定用户，只是临时停靠，系统就会自动计时收费。

在社交礼仪中，特别是商务活动中，人们会交换大量名片。名片是个人最直观的身份介绍，也是促进人与人交流的基本手段。要将收集到的名片上的姓名、电话、公司等信息一项一项录入手机中，耗时耗力。将手机摄像与 OCR 技术进行结合，完成对名片的扫描识别，可以快速提取名片上的名字、电话号码、公司、职位等信息，一键存储到手机上。OCR 技术不仅仅局限于票据识别、文档识别、证件识别、车牌识别、名片识别等，在很多方面都可以应用，例如，对识别结果进行实时翻译、验证码识别等。

五、OCR 技术在账务处理中的应用

在财务机器人应用中，OCR 技术主要应用于账务处理的一些简单的重复性高的工作，比如扫描、识别票据并生成相应的凭证，以及票据查验。下面我们以财务机器人的账务处理流程为例，介绍 OCR 技术在账务处理中的应用。

（一）票据整理

1. 票据收集。进行票据扫描识别前最主要的工作是将收集到的票据进行分类处理，

通过扫描仪对票据进行扫描识别，提取票面上的信息，以便形成会计凭证。财会人员在日常工作中需熟悉国家有关票据的法律法规（如《中华人民共和国票据法》《中华人民共和国发票管理办法》《中华人民共和国会计法》等），以及公司的财务制度和票据管理制度的相关规定，并结合公司自身的业务特点，开展票据收集的工作。实务中，财务人员经常接触到的票据类型通常有纸质票据和电子票据，如图1-3-7和图1-3-8所示的纸质动车票和增值税普通发票。

图1-3-7　动车票

图1-3-8　增值税普通发票

传统会计中，企业所获得的票据类型多样，大致有以下几种分类方式：

（1）按取得来源不同分类。

外来原始凭证：是指经济业务发生或完成时，从其他单位或个人直接取得的原始凭证，如采购货物、服务取得的增值税专用发票、增值税普通发票，支付款项取得的银行回单，员工出差取得的行程单、火车票等。

自制原始凭证：是指本单位内部发生经济业务，由内部经办人员单位或个人填制所产生的单据，如收料单、领料单、限额领料单、产品入库单、产品出库单、借款单、工资发放明细表、折旧计算表等。

（2）按填制手续及内容不同分类。

一次凭证：收据、领料单、收料单、发货票、借款单、银行结算凭证等。

累计凭证：限额领料单。

汇总凭证：发出材料汇总表、工资结算汇总表、差旅费报销单等。

（3）按格式不同分类。

通用凭证：是指由有关部门统一印制、在一定范围内使用的具有统一格式和使用方法的原始凭证。例如，某省（市）印制的发票、收据、人民银行制作的银行转账结算凭证。

专用凭证：领料单、差旅费报销单、折旧计算表、工资费用分配表等。

（4）按经济业务的类型不同分类。

购销业务凭证：提货单、发货单、交款单、运费单据等。

收付款业务凭证：现金借据、现金收据、领款单、车船机票、医药费单据、银行支票、付款委托书、托收承付结算凭证等。

出入库业务凭证：入库单、领料单、提货单等。

成本费用凭证：工资单、工资费用汇总表、折旧费用分配表、制造费用分配表、产品成本计算单等。

固定资产业务凭证：固定资产调拨单、固定资产移交清册、固定资产报废单和盘盈盘亏报告单等。

2. 票据审核。原始凭证记载了经济业务的发生与完成，是进行账务处理的重要依据。对于企业收集到的业务单据，需要对单据上载明的信息进行审核。

（1）审核原始凭证的真实性。审核原始凭证所发生的经济业务是否属实、单据是否伪造等，审核要素包括凭证日期、业务内容、金额等。外来原始凭证还须有填制单位的公章或财务专用章和填制人员签章。对自制的原始凭证要有经办部门和经办人员的签名和盖章。

（2）审核原始凭证的合法性、合理性。合法性、合理性的审核主要看该凭证的经济业务是否符合相关法律法规。

（3）审核原始凭证的完整性。检查凭证票面信息是否有遗漏项目。

（4）审核原始凭证的正确性。审核原始凭证记载的单位名称、金额、日期等内容是否正确。

3. 票据分类。基于财务机器人的模板规则设置原理，通常将票据按以下方式进行分类：

（1）按业务类型分类。将取得的原始凭证按时间顺序分类完后进一步按业务类型进行分类。例如，将采购发票、销售发票、入库单、银行付款单等单据分为一类，批量进行扫描。

（2）按照批次分类。机器人识别单据采取一张单据对应一笔分录的方式，但在报销差旅费、办公费等涉及多张票据的业务上，采用批次处理，同一笔报销的单据归为同一个批次。把同一批次的票据分成一组，如把同一个人的差旅费报销所涉及的单据或者办公费报

销单据分成一组。

（3）按时间顺序整理。按照凭证开具的时间先后顺序整理，把同一时间开具的凭证放在同一组中。

原始凭证经过以上方法分门别类后，便可等待扫描。

4. 保管要求。凭证、账簿和财务报表是重要的经济档案和历史资料，必须妥善处理和保管。通常将纸质文件定期装订成册，以防止丢失。会计账簿、会计凭证等资料的保管期限，应遵循《会计档案管理办法》的规定（见表1-3-1）。

表1-3-1　会计资料保管期限

档案名称	保管期限
固定资产卡片	固定资产报废清理后保管5年
月度、季度、半年度财务会计报告	10年
银行存款余额调节表	10年
银行对账单	10年
纳税申报表	10年
会计档案移交清册	30年
会计凭证（原始凭证、记账凭证）	30年
会计账簿（总账、明细账、日记账）	30年
其他辅助性账簿	30年
年度财务会计报告	永久
会计档案保管清册	永久
会计档案销毁清册	永久
会计档案鉴定意见书	永久

在保管期满后，单位档案部门提出销毁意见，会同财务部门，编制会计档案销毁清册，经有关部门批准后，方能销毁。

对于电子数据，可专柜专库进行储存，确保数据载体安全，将光盘或磁带存放在无强磁场干扰、无震动、无尘、无腐蚀性气体和温湿度适宜的环境中。需要长期保存的档案数据，要定期进行检查复制，防止丢失，并不断更新转换格式，确保可读性。可采取加密、访问控制等技术保障档案数据保密安全。

（二）票据识别

扫描上传后的单据形成数据影像，由机器人进行识别，形成结果进行反馈。票据识别实际上是利用人工智能算法和OCR技术，把图片信息转化为文字信息，进行数据整理加工形成所需信息。识别票据大致经过的流程依次是输入票据图像、图像预处理、版面分析、行列切割、特征提取、字符识别、后处理识别矫正、票据信息输出。

首先，将票据进行扫描生成影像，生成影像后由机器人对票据影像进行预处理，运用人工智能的深度学习算法及全文识别算法，结合预设模板，区分票据类别和版面。其次，通过深度学习算法自动精准获取字段栏位信息，并对票据图像信息自动进行切分、提取、分类。最后，将票据信息上传到业务票据建模上，对票据识别结果进行编辑修改后处理形成识别结果。

任务4 RPA 技术在财务领域的应用

◎ 学习目标

- 掌握 RPA 技术的基本概念和优势；
- 了解 RPA 技术的发展；
- 掌握 RPA 技术在财务领域的应用；
- 熟悉几种常见的 RPA 机器人。

☑ 知识框架

📋 知识准备

一、RPA 的概念

RPA 英文全称为 Robotic Process Automation，即机器人流程自动化，主要是通过软件自动化方式根据预先设定的程序完成重复性高具有明确规则的工作。通俗地说，RPA 就是通过一些能够自主执行的脚本来完成一部分原先需要人工执行的工作，比如从电子邮件和文档中提取数据、自动发送短信、生成与发送报表等。RPA 的高效性、准确性、可拓展性等特点可以帮助企业财务管理实现自动化和智能化操作。

机器人流程自动化旨在替代人工完成各项烦琐的工作，从而降低企业人力成本，以达到提升工作效率的目的。RPA 不仅可以根据既定规则进行流程处理，还可以模拟用户操作、交互设计，比如进行复制、粘贴等日常电脑操作。与人工操作相比，RPA 就是一种无差别化流程处理。

当然，并不是所有工作业务都适合应用流程化处理，RPA 的实现需要满足一定的条件。一是高度重复性工作。RPA 的研发目的就是完成高频次重复性工作，这样可以最大程

度地节约时间成本和人力成本。二是规则明确。在规则明确的情况下，RPA 的实施才有迹可循，可以通过指令执行流程化操作。如果一个流程散乱无序，就需要人为干涉进行主观判断，但机器人进行主观判断是很难实现的，只能实现部分判断。因此，绝大多数情况下，明确的流程规则有利于 RPA 的实现与运行。

RPA 在财务领域的应用前景广阔，其适用于处理会计工作中的报销、制单、整理核对数据、数据筛选、汇总等工作。RPA 更多的是一种应用工具、一个功能组件，在不同领域有不同的应用。在财务领域，更多的是发挥自动账务处理功能。基于 RPA 的技术特点和功能，可将财务机器人的功能划分为五类，即数据检索与记录、图像识别与处理、平台上传与下载、数据加工与分析、信息监控与产出。

二、RPA 技术的优势

RPA 技术的应用场景众多，其核心优势在于效率高，依靠软件自动化技术，实现企业内部跨系统及工作流程的自动化，提高生产效率并降低成本。

（一）可提升工作效率

计算机拥有强大的记忆和核算功能，输入相关数据就会迅速生成结果。在处理重复性工作的情况下，整个流程都是依据固定的规则和程序进行操作的，人为干扰因素小。除此之外，使用 RPA 流程自动化可以使机器人昼夜不停地进行工作，其工作量不是常人所能承受的。

（二）可降低人工成本

RPA 在频率高、重复性强的工作上可以节省人工成本。RPA 机器人可以在相同的时间内完成比人工更多的工作，并且 7×24 小时不休息。相比之下，机器人的工作效率更高，精准度也较为准确。与公司每月支付的薪酬、福利、津贴等人工成本相比，机器人的整体成本较低，只需要支付购买费用和日常的维护费用。

（三）错误率低

人工操作难免会因为操作失误而产生错误。而 RPA 是基于明确规则，按照预设程序进行无差别化处理的，能尽可能避免错误。

（四）流程可监控

自动化处理下，机器人的每一步操作流程都有迹可循，一旦出现问题，可以精准发现，进行追溯、解决。RPA 的每个操作流程都可以生成详细的记录以供后期查询审核，有利于加强风险管控。

（五）不会影响现有 IT 系统的功能和稳定性

RPA 系统不影响原有的 IT 基础架构，能在帮助企业提升效能的过程中，保持企业原有系统的平稳运行且无须安装新的财务软件，避免因数据转移而产生数据缺漏或错误。

（六）检查全面

对于财务工作中的审计或合规业务，由于人员、时间等的限制，传统财务只能进行针对性地"抽查"处理，而 RPA 可以对全部账务进行更加全面的检查，从而达到更好的风险控制效果。

三、RPA 技术的发展

RPA 技术的发展历程可以分为前 RPA 时代、RPA 出现、RPA 广泛应用、RPA 的未来发展趋势四个部分。

（一）前 RPA 时代

近代工业自动化的发展使得企业生产制造能力大幅提升，此时工业机器人主要执行一些简单的任务，如拾取、移动、装配生产线上产品。随着工业技术愈发成熟，机器人性能逐渐提升，但对于"数据"仍无法处理。随着企业数据处理和业务流程优化需求的日益增长，RPA 应运而生。

RPA 产品的三项关键技术分别是屏幕抓取、工作流程自动化管理和人工智能。早在 20 世纪 90 年代，屏幕抓取技术就已出现。屏幕抓取是一种编程，可以在两种不兼容的系统间建立桥梁，对计算机内文件和网站信息进行抓取、收集。提取数据、分类数据、分析数据是 RPA 的核心功能。工作流程自动化管理是通过捕获特定字段来获取信息，进行审批、导入或修改数据的业务流程管理。实际上，RPA 并不是一项新技术，屏幕抓取和工作流程自动化这两个功能，在一些系统或软件上早已集成，比如微软 Windows 系统就曾集成抓图软件，也曾在 Office 97 版本中集成"宏"的功能，从而实现用户文档中的某些任务自动化。再比如 Adobe 的 Photoshop 系列产品在 2000 年左右的早期版本中就存在动作录制功能，用于批量处理重复的图片编辑操作。

在前 RPA 时代，要对各个信息系统进行流程化处理，如果出现不同的信息系统间的数据流转，就需要对信息系统进行改造或 API 开发。如果系统不开放 API、不开放源代码，后续改造就无从谈起，最终还是要回归手工操作。

（二）RPA 出现

"RPA"一词最先是由 Blue Prism 公司推出的，自 2012—2015 年开始在国外商业落地，在这方面比较著名的公司有 Blue Prism、Automation Anywhere 和 UiPath。Blue Prism 是 RPA 领域的先行者，成立于 2001 年，是英国一家跨国软件公司，得到美国 IT 研究和咨询公司 Gartner 的认可，在全球拥有超过 200 个客户，并与 NHS、埃森哲、Hexaware、Hewlett Packard Enterprise、Capgemini、IBM 等大型公司合作。最早的 Blue Prism 专注于 BPO（业务流程外包）领域，就是将一些重复性的非核心或核心业务流程外包给供应商，以降低成本，同时提高服务质量。Blue Prism 将 BPO 作为进入市场的途径，并创造了"RPA"这个词。

UiPath 从构建自动化库和软件开发套件开始，早期服务于 IBM、Google、Microsoft 等公司，后进入 BPO 领域。包括 Automation Anywhere 等的 RPA 企业，后来也在 BPO 领域尝

试经营业务。可以说，RPA 最初是作为降低业务流程外包成本的一种方式，然后转移到共享服务、IT 外包和其他业务领域的。

在国内，最初是大量游戏玩家使用按键精灵这款软件进行游戏打怪升级，后来发现还可以将其用于日常办公。所以，在某种程度上，按键精灵被视为国内 RPA 领域的先驱。

（三）RPA 广泛应用

RPA 正处于普遍推广应用阶段。四大会计师事务所（普华永道、德勤、安永、毕马威）在中国区应用 RPA，推广财务机器人。这种部署灵活的流程自动化工具也逐渐被国内金融机构所接受。在更多的行业对 RPA 产生兴趣之后，包括 IBM、HP、埃森哲等行业巨头也纷纷开展 RPA 相关产品的 IT 咨询服务落地工作。这些机构除了发展自身的 RPA 产品之外，还把 Blue Prism、UiPath、Automation Anywhere 等国外知名 RPA 产品引入中国市场。

RPA 按照其发展大致可以分为四个阶段：辅助性工具阶段、非辅助性工具阶段、自主性提高阶段和决策自主阶段。在第一阶段，RPA 刚刚开始应用时只是作为一种辅助性手段，将"虚拟助手"作为辅助工具提升生产力。在第二阶段，RPA 作为一种非辅助性工具，以一种虚拟劳动力的形式部署在服务器上，能够编排工作内容，集中化管理机器人、分析机器人的表现等，但仍然需要人工的控制和管理。第三阶段是自主性提高阶段，在此阶段，RPA 可以更灵活地进行业务管理。在第四阶段，利用人工智能等技术来解决非结构化数据问题，达到决策自主这一最终目标。

（四）RPA 的未来发展趋势

未来 RPA 发展的方向是运用人工智能、机器学习以及自然语言处理等技术，实现非结构化数据的处理、预测规范分析、自动任务接受处理等功能。借助 RPA，把决策过程由人工转向机器，从而使所有任务完成自动化。企业要想从 RPA 中获取更大的价值，就必然需要升级 RPA，融合更多的技术及分析。目前绝大多数的 RPA 软件产品都属于辅助性工具，不会过多涉及决策，只是帮助人们执行预先设定好的流程，需要人在初始化和运行的过程中参与监控，确保实施的准确性。当前的 RPA 作为辅助性工具已相当成熟，产品化程度也相当高。近期一些行业巨头已经开始向人工智能发起探索，并已初步应用 AI 增强 RPA 产品的认知能力。

机器人在进行流程操作时会完成不同的流程，但是如何判定流程的优先级就需要其他技术的辅助。RPA 的最终目标是全流程自动化，实现智能执行，甚至让决策过程也能达到自主执行的程度。要达到全流程自动化的目标就需要让机器人有主动归纳和学习能力，能完成非结构化数据的处理、预测分析、自主学习等任务，这也是未来 RPA 前进的方向之一。

四、RPA 技术的应用场景

RPA 技术的应用范围广泛，只要该流程具有规律性、重复性、耗时长且简单、低风险、规则明确、数据密集等特点，就可以适用 RPA。RPA 不仅可以应用于财务领域，还可以应用于人力资源管理、客户服务、风控内审等方面。

财务工作本身操作流程固定、规则明确、重复性高，与 RPA 实现的前提条件高度契合。RPA 在财务领域应用广泛。财务工作业务流程通常可以划分为销售收款、采购付款、资金管理、税务管理以及编制报表五个部分。销售收款方面，RPA 可以处理企业应收账款的核销、银行企业对账、销售订单管理、往来对账、催收通知等业务；可以核销应收和实收金额，对客户名称、账号、备注等信息进行对账；可以更进一步对客户进行信用管理，建立信用档案，对未收账款进行催收。采购付款方面，RPA 可以进行应付款项结算、处理付款以及对账，对供应商进行管理。资金管理方面，RPA 可以对企业日常资金进行管控，管理资金账户，处理企业贷款。税务管理方面，RPA 可以代替人工进行纳税申报工作，帮助企业员工摆脱烦琐的纳税申报工作，提高准确性。编制报表方面，RPA 可以进一步分析税负结构，挖掘企业税务风险，为企业风险内控提供参考。

在人力资源管理方面，可以使用 RPA 办理新员工入职、工资发放、报销发放管理及员工资料管理等业务。

客户服务方面，可以使用 RPA 进行客户服务的优化处理。比如使用 RPA 技术来加速处理诸如手动数据输入和排序、电子邮件通信、信息搜索、数据的计算、发票生成以及请求、付款和索赔处理之类的任务。此外，可以自动从各种系统中获取潜在客户，这使销售经理可以更加关注客户并为他们提供更多个性化的服务。

另外，RPA 可以依照程序自动处理实现智能抽样、风险评估、合规数据分析等，将内部审计结果发送给指定人员，定时进行通报，以达到内部风险控制的目的。

在教育行业，RPA 还可以取代一些文书工作，并广泛应用于招生、录取出勤、成绩管理等相关环节。RPA 可以帮助教务人员执行烦琐的后台任务，进行学籍管理、授课表和作息时间表编排、试卷留档等工作。教师可以通过 RPA 完成考勤、评分、选课等工作。

五、RPA 技术在财务领域的应用

RPA 技术在财务领域的应用主要有企业账务自动化处理、银行企业对账、企业往来对账、差旅费报销、财务报表生成等。

企业账务自动化是指企业实现记账凭证汇总、登记账簿、生成报表等一系列账务流程自动化。虽然现在使用 ERP 等财务工具，使财务流程更加简便高效，财务信息更加电子化，但在一些业务上，仍需要财务人员耗费大量的精力去进行汇总整理。使用 RPA 技术可以让财务人员从基础性的、重复性高的工作中解脱出来。

银行企业对账、企业往来对账：传统财务模式下，企业财务人员进行银行对账时，需要按银行、账户逐个对账。而各个银行的对账单、流水单格式不一，因此需要先将各个银行的或第三方支付平台的账务流水、对账单整理为统一格式进行对账。整个过程烦琐且耗费时间长，有时还会造成对账不及时、对账单回收困难等问题。此外，U 盾等实物在领用、保管等环节还会出现遗失、损坏等问题。使用 RPA 进行银行对账可以极大提高工作效率，节约人力成本，还可以避免人为操作失误。RPA 可以自动登录网银平台，下载流水单等单据，之后使用 Excel 进行统一格式处理，自动进行往来对账。最后，系统会自动对

异常情况进行汇总，通过邮件对审核结果进行通报。

差旅费报销：在差旅费报销业务上，企业可以利用 RPA 构建一个商旅报销平台，提供一站式出差申请、费用报销、报销付款、财务核算等服务。该平台除了方便员工进行报销外，还可以对已报销数据进行分析汇总，帮助企业分析差旅报销构成，节约不必要开支。

财务报表生成：RPA 可以自动化执行财务报表的生成任务，减少人工操作的时间和错误率。

六、RPA 机器人

在财务领域，RPA 由各个不同的机器人和流程构成。市面上的 RPA 机器人通常有费用机器人、合同比对机器人、应收应付机器人、增值税机器人、自动账务核算机器人、财报机器人等。

费用机器人：费用机器人对企业费用支出进行审核，审核内容主要包括发票是否真实、发票是否重复报销、报销项目能否报销、报销日期和地点等信息是否正确、报销时间是否超过时限、报销款项是否需要抵扣借款等，也就是针对费用报销的合规性、完整性、规范性、准确性进行审核，进而合理管控企业费用支出。

合同比对机器人：某些企业的合同文本量大，需要对全文进行核对，比如风险要求高的企事业单位，如信托、基金、证券等，就可以利用合同比对机器人对合同风险进行控制。

应收应付机器人：通常企业须完成从采购到三单匹配等工作，并须提交付款申请进行付款核销，耗费时间长。如果使用应收应付机器人，就可以对取得的发票进行全流程监控，提高对账速度、开票效率，还可以对应收应付款项进行管理分析，建立客户信用档案。

增值税机器人：单纯依靠人工处理税务，工作量大，且由于对接的系统不统一，税务申报难度大。通过增值税机器人，企业可以实现增值税发票管理，并能针对销项和进项数据进行分析，加强企业风险管控。

自动账务核算机器人：传统的账务核算流程需要对原始凭证数据进行采集、审核，最后编写会计分录，工作重复性高且烦琐。利用自动账务核算机器人可以对账务核算进行全流程自动化处理，提高工作时效，及时完成核算，并且更加规范化、标准化。

财报机器人：可以根据自动账务核算编制的凭证，将数据汇总同步到账簿、科目汇总表中，一键生成报表。

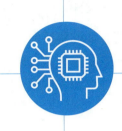

项目二　财务机器人采购业务处理

任务 1　采购业务处理原理认知

◎ 学习目标

- 了解财务机器人采购业务的相关概念；
- 理解采购的业务流程。

☑ 知识框架

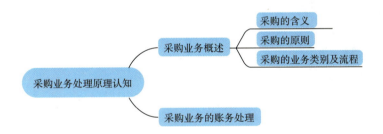

📋 知识准备

一、采购业务概述

（一）采购的含义

采购，是指企业在一定条件下从供应市场获取产品或服务作为企业资源，以保证企业生产及经营活动正常开展的一项经营活动。采购是一个商业性质的有机体为维持正常运转而寻求从体外摄入的过程。

一般而言，采购流程包括根据需求提出采购计划，审核计划，选择供应商，经过商务谈判确定价格、交货及相关条件，最终签订合同并按要求收货、付款的过程。

（二）采购的原则

1. 采购是一项重要、严肃的工作，各级管理人员和采购经办人必须高度重视。

2. 采购必须坚持"秉公办事、维护公司利益"的原则并综合考虑"质量、价格"的竞争，择优选取。

3. 一般日常办公用品及其他消耗用品由行政后勤人员负责采购。

4. 物料采购应尽量采用月结方式作为付款条件与供应商洽谈。

（三）采购的业务类别及流程

1. 采购的业务类别。

（1）按采购对象划分为：有形物品采购和无形服务采购。其中，有形物品采购包括机械设备等固定资产采购、原材料采购、零部件采购等，无形服务采购包括技术采购、服务采购等。

（2）按采购主体划分为：个人采购、企业采购、团体采购、政府采购。

（3）按采购技术划分为：传统采购、现代采购。

2. 采购的业务流程。实务中，采购业务处理流程大致如图 2-2-1 所示。

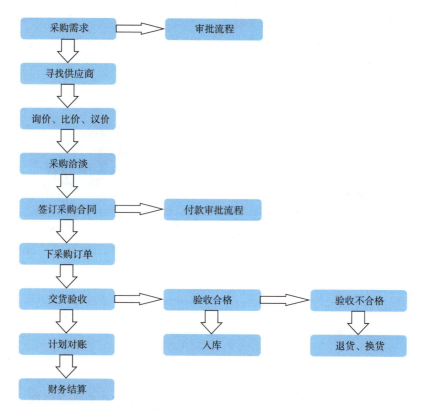

图 2-1-1　采购业务处理流程

二、采购业务的账务处理

（一）采购存货

采购存货业务相关的单据主要包括增值税专用发票、增值税普通发票、入库单、银行付款回单等。会计信息化采购业务的账务处理是根据取得的采购相关的单据情况录入记账凭证。而财务机器人需要把采购业务按单据分解成财务机器人能理解的记账方式，即识别一张单据做一笔凭证。最后通过合并分录或分录之间相互抵销来达到自动生成凭证的目的。采购存货往往需要通过"应付账款"的供应商进行辅助核算，财务机器人能够自动识别销售方名称，将销售方名称与应付账款进行辅助核算，识别匹配供应商。财务机器人可以进行批量类似业务的处理，而不需要像会计信息化人工录入凭证一样逐笔进行业务处理。

例如：厦门信德工业有限公司的采购原材料业务，取得增值税专用发票（见图2-1-2）、入库单（见图2-1-3）、银行付款回单（见图2-1-4）。

图 2-1-2　增值税专用发票

图 2-1-3　入库单

图 2-1-4 银行付款回单

1. 会计信息化人工录入记账凭证（见表 2-1-1）。

表 2-1-1 人工录入记账凭证

借贷	科目	借方金额	贷方金额
借	原材料——变速器	30 000	
借	原材料——手把	8 360	
借	原材料——刹车片	1 380	
借	应交税费——应交增值税——进项税额	5 166.2	
贷	银行存款——中国银行 621600153698		44 906.2

2. 财务机器人自动生成记账凭证（见表 2-1-2 至表 2-1-4）。

表 2-1-2 自动生成记账凭证（1）

借贷	科目	科目识别原理	金额识别原理
借	在途物资	按存货明细自动识别匹配明细科目	按单据金额进行识别
借	应交税费——应交增值税——进项税额		按单据税额进行识别
贷	应付账款——供应商	按销售方名称自动识别辅助核算	按含税金额进行识别

表 2-1-3 自动生成记账凭证（2）

借贷	科目	科目识别原理	金额识别原理
借	原材料	按存货明细自动识别明细科目	按金额识别
贷	在途物资	按存货明细自动识别明细科目	按金额识别

表 2-1-4　生成记账凭证（3）

借贷	科目	科目识别原理	金额识别原理
借	应付账款	按固定栏位收款方名称自动识别供应商辅助核算	按含税金额识别
贷	银行存款	按银行账号自动识别明细科目	按含税金额识别

知识点拨

1. 会计信息化人工录入记账凭证通常会遇到以下几种情况：①收到增值税发票和入库单但款未付；②只收到入库单；③收到增值税发票和银行回单但货未到；④收到增值税发票、入库单和银行回单；⑤只收到银行回单；⑥只收到发票等。财务人员需要对每笔业务进行职业判断再做账务处理。

2. 财务机器人自动生成记账凭证，需要对每笔业务进行单据拆分，按单据信息内容，识别一张单据做一笔凭证，把复杂的业务情景转化为简单的标准化业务组合。

（二）接受服务

接受服务业务相关的单据主要包括增值税专用发票、增值税普通发票、银行付款回单等。会计信息化的采购业务账务处理是根据职业判断，对取得接受服务业务的相关单据人工录入记账凭证。而相同情况下，财务机器人通常把接受服务业务单据分解为财务机器人能理解的记账方式，即识别一张票据做一笔凭证。

例如：江苏旺丰物流有限公司有一笔外包物流运输服务业务，取得增值税专用发票（见图 2-1-5）、银行付款回单（见图 2-1-6）。

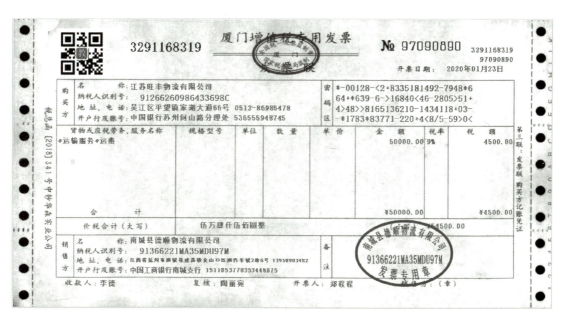

图 2-1-5　增值税专用发票

国内支付业务付款回单

客户号: 280985228　　　　　　　　日期: 2020年01月23日
付款人账号: 536555948745　　　　　　收款人账号: 1511853770353446875
付款人名称: 江苏旺丰物流有限公司　　　收款人名称: 南城县德顺物流有限公司
付款人开户行: 中国银行苏州何山路分理处　收款人开户行: 中国工商银行南城支行

金额: CNY54,500.00
　　人民币 伍万肆仟伍佰元整

业务种类: A100-普通汇兑 业务编码: 000000000000　　　凭证号码:
用途: 运费
备注: 运费
附言: 运费

交易机构: 49106　　　交易渠道: 其他　　　交易流水号: 333927583 经办
回单编号: 2020012310826720　　回单验证: 1DJ1056993F 打印时间:

打印时间: 2020/01/23　15:45:34　　打印次数: 1（自助打印，注意重复）
盖章验证: 2DJ7598365FKD172

图 2-1-6　银行付款回单

1. 会计信息化人工录入记账凭证，见表2-1-5。

表 2-1-5　人工录入记账凭证

借贷	科目	借方金额	贷方金额
借	主营业务成本——运费	50 000	
借	应交税费——应交增值税——进项税额	4 500	
贷	银行存款——中国银行 536555948745		54 500

2. 财务机器人自动生成记账凭证，见表2-1-6和表2-1-7。

表 2-1-6　自动生成记账凭证（1）

借贷	科目	科目识别原理	金额识别原理
借	主营业务成本——运费	按存货明细自动识别匹配明细科目	按单据金额进行识别
借	应交税费——应交增值税——进项税额		按单据税额进行识别
贷	应付账款	按销售方名称自动识别辅助核算	按含税金额进行识别

表 2-1-7　自动生成记账凭证（2）

借贷	科目	科目识别原理	金额识别原理
借	应付账款	按固定栏位收款方名称自动识别供应商辅助核算	按含税金额进行识别
贷	银行存款	按销售方名称自动识别辅助核算	按含税金额进行识别

任务 2　材料采购业务处理

🎯 学习目标

- 掌握财务机器人材料采购的业务处理原理；
- 了解材料采购业务会计信息化手工核算与财务机器人自动核算的区别；
- 掌握材料采购票据类别、场景类别和场景配置设置；
- 掌握材料采购业务的凭证模板设置；
- 熟悉相关法律法规并掌握材料采购的进项税额正确取值设置；
- 掌握材料采购业务机器人自动账务处理。

☑️ 知识框架

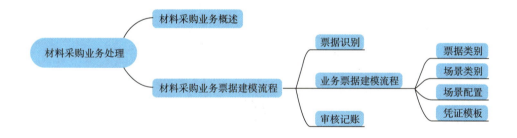

📝 知识准备

一、材料采购业务概述

本节主要讲述企业采购的原材料等有形资产。原材料包括企业经过加工改变其形态或性质使其构成产品的各种原料、主要材料和外购半成品，以及不构成产品实体但有助于产品形成的辅助材料。

企业外购原材料等存货，其外购成本就是该批货物从采购到入库前所发生的全部支出，包括购买价款、相关税费和其他相关费用。购买价款是企业购买货物时发票上列明的价款，但不包括可以按照规定进行抵扣的增值税进项税额。相关税费是购买货物时发生的进口关税、消费税、资源税和不能抵扣的增值税进项税额等税费。其他相关费用包括采购

过程中发生的运输费、装卸费、包装费、运输途中的合理损耗等，这些也归属于存货成本。

二、材料采购业务票据建模流程

【实训任务】

■ 任务描述

2019年7月8日，厦门铭鸿电子科技有限公司购买200个电子计算机CPU，开具增值税专用发票1张（见图2-2-1）。根据厦门铭鸿电子科技有限公司提供的企业背景、业务情景和业务票据相关信息，在财务机器人云平台上建立相关业务模型并自动生成记账凭证。（账期为2019年7月，凭证合并方式为批次合并，分录合并方式为完全合并）

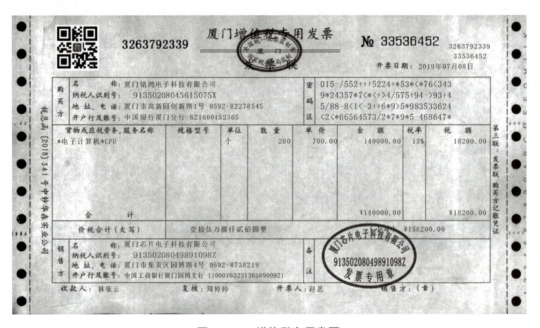

图 2-2-1　增值税专用发票

■ 任务操作

财务机器人是基于人工预设的策略规则，在数据和配置正常情况下无须人工参与，形成相应业务的账务处理。对业务规则进行配置的流程依次为票据类别、场景类别、场景配置、凭证模板、科目匹配，若无设置科目匹配的必要，则到凭证模板即建模完成（见图2-2-2）。

图 2-2-2　业务票据建模流程

☞ **操作一**

扫描上传票据并识别

在进行建模设置之前首先需要导入单据数据，查看单据信息。在建模之前对单据进行识别（见图2-2-3），可以查看票据所识别的栏位基本信息，这些信息便是后续建模设置中可选择使用的"筛选项"，单据识别在业务票据建模之前或者之后都可以进行，但审核记账只有在业务票据建模设置完成后才能进行，审核记账后生成凭证。

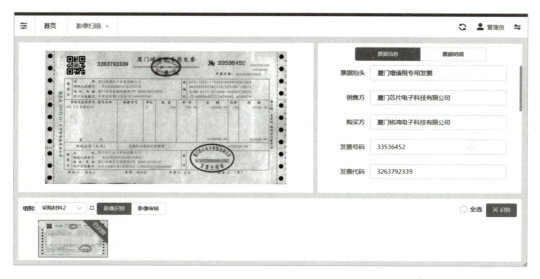

图2-2-3　票据识别

☞ **操作二**

材料采购业务票据类别设置

票据类别设置是在对票据进行简单分类的基础上，进行信息的匹配设置，其设置流程如图2-2-4所示。

图2-2-4　票据类别设置流程

业务情景和业务票据栏显示，开具的是增值税专用发票。财务机器人业务票据建模内会预置一些单据的筛选项，通过设置筛选条件与单据票面要素进行关联，达成识别匹配目的。票据类别重要的是对筛选条件的设置，也就是通过筛选项、符号和值三项设置与票面上的要素进行关联，以此达成识别匹配的目的。

▶ **操作指导**

步骤1：在"业务票据建模—票据类别"中，点击"新增大类"，将主类别设置为"采购票据"。

步骤2：在"采购票据"的大类下新增细类，细类名称设置为"采购专票"并选择相应的票种。

步骤3：添加筛选条件，采购专票的筛选项为"@购买方"和"@票据联次"，操作符为"等于"，匹配值分别设置为"厦门铭鸿电子科技有限公司"和"发票联"，点击"保存"按钮，采购专票即设置完成（见图2-2-5）。

图2-2-5 票据类别设置

☞ **操作三**

材料采购业务场景类别设置

场景类别设置主要是把设置好的票据类别按照企业的业务场景进行设置。场景类别设置流程如图2-2-6所示。

图2-2-6 场景类别设置流程

▶ **操作指导**

步骤1：进入"业务票据建模—场景类别"，点击"新增大类"，大类设置为"采购场景"。

步骤2：在"采购场景"下，新增细类"采购材料"。然后在"选择票种"处，选择"采购专票⇒增值税专用发票"。

步骤3：添加筛选条件，将筛选项设置为"@项目【明细】"，操作符为"不包含"，匹配值为"房租费""餐费""住宿费""厦门晨星办公用品有限公司""水费""电费"（见图2-2-7）。

图 2-2-7　场景类别设置

☞ **操作四**

场景配置设置

场景配置就是对场景类别和票据类别内容的再度组合，方便后续进行凭证模板设置。销售产品业务场景配置设置流程如图 2-2-8 所示。

图 2-2-8　场景配置设置流程

▶ **操作指导**

步骤 1：进入"业务票据建模—场景配置"，点击"新增主场景"，主场景名称设为"采购业务"。

步骤 2：在该主场景下，点击"新增场景"，输入场景名称"采购材料"。

步骤 3：点击添加按钮新增项目，在"场景类别"项目中选择"采购场景⇒采购材料"场景。"票据类别"中选择"采购"（见图 2-2-9）。

图 2-2-9　场景配置设置

☞ **操作五**

凭证模板设置

凭证模板设置是对归集而成的票据进行凭证模板信息设置。凭证模板具体设置流程如图 2-2-10 所示。

图 2-2-10　凭证模板设置流程

（一）凭证头设置

在"业务票据建模—凭证模板设置"界面，选择"采购业务-采购材料"会计场景，点击"新增模板"，设置模板名称为"采购材料"（见图 2-2-11）。

图 2-2-11　凭证头设置

会计业务场景：采购材料。记账日期：@交易日期。制单人：赵旭。模板名称：采购材料。凭证字：记账凭证。推送方式：自动推送。

（二）分录设置

分录设置是针对该笔业务进行分录内容的设置，是凭证模板设置四个流程中最重要的部分。

▶ **操作指导**

步骤1：设置摘要。将材料采购的主分录摘要设置为"采购材料"。

步骤2：选择科目来源、会计科目和借贷方向。科目来源为"科目"，采购材料的借方科目为"在途物资""应交税费——应交增值税——进项税额"，贷方科目为"应付账款"。再选择科目匹配类型，"在途物资"科目需要选择科目匹配类型为"明细"。

步骤3：添加金额取值公式。"应付账款"科目设置金额取值公式为"@含税金额"，"在途物资"科目为"@金额"，"应交税费——应交增值税——进项税额"科目为"@税额"（见图2-2-12）。

图2-2-12 采购材料分录设置

（三）辅助核算设置

采购材料需要进行供应商辅助核算和明细辅助核算。辅助核算供应商的固定栏位设置为"@销售方"，操作符为"等于"。明细辅助核算栏位的"@项目【明细】"为默认设置，可以根据业务需要修改其操作符（见图2-2-13）。

图2-2-13 采购材料辅助核算设置

（四）合并及排序设置

凭证合并方式设置为"不合并"，分录合并方式设置为"不合并"。分录自定义排序选择"启用"，将排序条件设置为"借贷方"（见图2-2-14）。

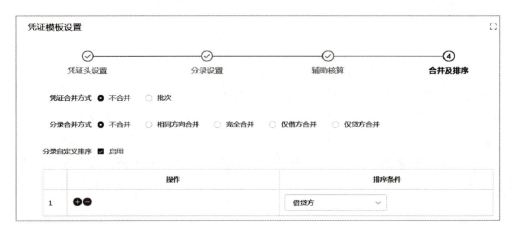

图2-2-14 合并及排序设置

（五）生成凭证

经过票据类别、场景类别、场景配置和凭证模板四个流程的设置，对单据进行识别，审核记账后即可生成凭证。在"影像管理—影像识别"中先选择需要识别的单据，点击"识别"，选择相应的账期，即可识别单据上的明细内容。识别完成后，核对识别结果，若识别结果无误，则点击"单据审核"，审核完成后，即可生成相应的凭证（见图2-2-15）。

记账凭证

凭证字 记-13-1/1 号　　　　　日期：　　　　　单位：厦门铭鸿电子科技有限公司　　　　　附单据：1张

摘要	会计科目	借方金额	贷方金额
采购材料	22210101 应交税费-应交增值税-进项税额	18,200.00	
采购材料	140201 在建物资-CPU	140,000.00	
采购材料	2202 应付账款		158,200.00
合计：壹拾伍万捌仟贰佰元整		158,200.00	158,200.00

制单人：赵旭

图2-2-15 生成记账凭证

云端演练

【实训任务】

材料采购业务的处理。

【实训目标】

1. 熟悉材料采购业务的处理流程及操作步骤；
2. 能熟练完成材料采购业务票据类别、场景类别和场景配置设置；
3. 能熟练完成材料采购业务的凭证模板设置；
4. 能熟练完成材料采购业务的财务机器人自动账务处理。

【任务描述】

2019 年 7 月 3 日，厦门铭鸿电子科技有限公司购买计算机外部设备一批。请根据图 2-2-16 所示的原始凭证，通过财务机器人云平台完成上述材料采购业务的处理。

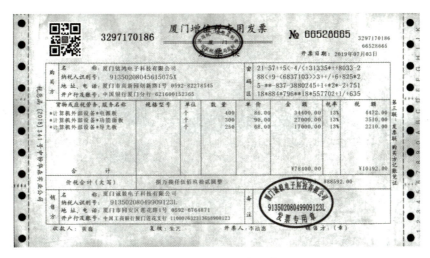

图 2-2-16　增值税专用发票

【考核评价】

考核评价记录表如表 2-2-1 所示。

表 2-2-1　考核评价记录表

过程考核（30%）		结果考核（60%）		增值评价（10%）	
考核内容及分值比重	得分	考核内容及分值比重	得分	考核等级及赋分标准	得分
职业态度（10%）（教师评价）		材料采购业务的票据类别设置（15%）		A（10分）	
课堂表现（10%）（教师评价）		材料采购业务的场景类别和场景配置设置（15%）		B（5分）	
创新合作（10%）（小组评价）		材料采购业务的凭证模板设置（30%）		C（0分）	
合计		—		—	
自我反馈	收获：				
	困惑：				

任务 3　材料入库业务处理

学习目标

- 掌握财务机器人材料入库的业务处理原理；
- 掌握材料入库票据类别、场景类别和场景配置设置；
- 掌握材料入库业务的凭证模板设置；
- 掌握材料入库业务机器人自动账务处理。

知识框架

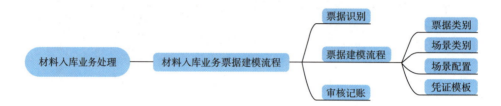

知识准备

材料入库业务票据建模流程。

【实训任务】

■ 任务描述

2019 年 7 月 17 日，厦门铭鸿电子科技有限公司购买的 200 个 CPU 验收入库，开具入库单 1 张（见图 2-3-1）。根据厦门铭鸿电子科技有限公司提供的企业背景、业务情景和业务票据相关信息，在财务机器人云平台上建立相关业务模型并自动生成记账凭证。（账期为 2019 年 7 月，凭证合并方式为批次合并，分录合并方式为完全合并）

物资类别	品名	单位	规格	数量	单价	金额	
原材料	CPU	个		200	700.00	140000.00	

入 库 单　№：65253211
交货单位：厦门芯片电子科技有限公司　仓库：材料仓　日期：2019年07月08日
合计大写　仟　佰　拾　万　仟　佰　拾　元　角　分
记账：赵旭　　保管：徐洪泽　　制票：徐洪泽

图 2-3-1　入库单

■ **任务操作**

　　财务机器人是基于人工预设的策略规则，在数据和配置正常情况下无须人工参与，形成相应业务的账务处理。对业务规则进行配置的流程依次为票据类别、场景类别、场景配置、凭证模板、科目匹配，若无设置科目匹配的必要，则到凭证模板即建模完成（见图 2-3-2）。

图 2-3-2　业务票据建模流程

☞ **操作一**

扫描上传票据并识别

　　在进行建模设置之前首先需要先导入单据数据，查看单据信息。在建模之前对单据进行识别（见图 2-3-3），可以查看票据所识别的栏位基本信息，这些信息便是后续建模设置中可选择使用的"筛选项"，单据识别在业务票据建模之前或者之后都可以进行，但审核记账只有在业务票据建模设置完成后才能进行，审核记账后生成凭证。

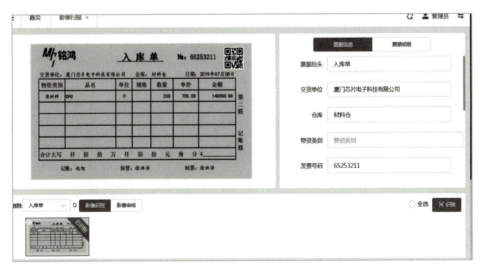

图 2-3-3　票据识别

☞ **操作二**

材料入库业务票据类别设置

　　票据类别设置是在票据进行简单分类的基础上，进行信息的匹配设置，其设置流程如

图 2-3-4 所示。

图 2-3-4 票据类别设置流程

业务情景和业务票据栏显示，开具的是入库单。财务机器人业务票据建模内会预置一些单据的筛选项，通过设置筛选条件与单据票面要素进行关联，达成识别匹配目的。票据类别重要的是对筛选条件的设置，也就是通过筛选项、符号和值三项设置与票面上的要素进行关联，以此达成识别匹配的目的。

▶ **操作指导**

步骤 1：在"业务票据建模—票据类别"中，点击"新增大类"，将主类别设置为内部票据。

步骤 2：在"内部票据"的大类下新增细类，细类名称设置为"入库单"并选择相应的票种，无筛选项（见图 2-3-5）。

图 2-3-5 票据类别设置

☞ **操作三**

材料入库业务场景类别设置

场景类别设置主要是把设置好的票据类别按照企业的业务场景进行设置。场景类别设置流程如图 2-3-6 所示。

图 2-3-6 场景类别设置流程

▶ **操作指导**

步骤 1：进入"业务票据建模—场景类别"，点击"新增大类"，大类设置为"采购场景"。

步骤2：在"采购场景"下，新增细类"材料入库"。然后在"选择票种"处，选择"入库单⇒入库单"，无筛选条件（见图2-3-7）。

图2-3-7　场景类别设置

☞ **操作四**

场景配置设置

场景配置就是对场景类别和票据类别内容的再度组合，方便后续进行凭证模板设置。销售产品业务场景配置设置流程如图2-3-8所示。

图2-3-8　场景配置设置流程

▶ **操作指导**

步骤1：进入"业务票据建模—场景配置"，点击"新增主场景"，主场景名称设为"采购业务"。

步骤2：在该主场景下，点击"新增场景"，输入场景名称"材料入库"。

步骤3：点击添加按钮新增项目，在"场景类别"项目中选择"采购场景⇒材料入库"，"票据类别"中选择"入库单"，"组合名称"处可不填写（见图2-3-9）。

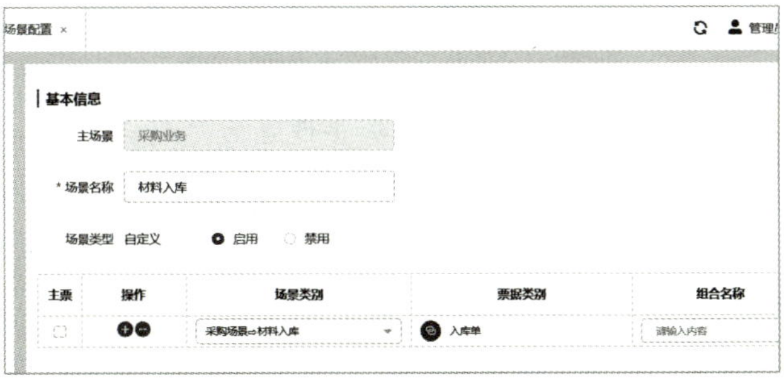

图2-3-9　场景配置设置

☞ **操作五**

凭证模板设置

凭证模板设置是对归集而成的票据进行凭证模板信息设置。凭证模板具体设置流程如图 2-3-10 所示。

图 2-3-10　凭证模板设置流程

（一）凭证头设置

在"业务票据建模—凭证模板设置"界面，选择"材料入库—材料入库"会计场景，点击新增模板，设置模板名称为"材料入库"（见图 2-3-11）。

图 2-3-11　凭证头设置

会计业务场景：材料入库。记账日期：@交易日期。制单人：赵旭。模板名称：材料入库。凭证字：记账凭证。推送方式：自动推送。

（二）分录设置

分录设置是针对该笔业务进行分录内容的设置，是凭证模板设置四个流程中最重要的部分。

▶ **操作指导**

步骤 1：设置摘要。将材料入库的主分录摘要设置为"材料入库"。

步骤 2：选择科目来源、会计科目和借贷方向。科目来源为"科目"，材料入库的借方科目为"原材料"，贷方科目为"在途物资"。再选择科目匹配类型，"原材料""在途物资"科目需要选择的科目匹配类型为"明细"。

步骤 3：添加金额取值公式。"原材料""在途物资"科目设置金额取值公式为"@含税金额"（见图 2-3-12）。

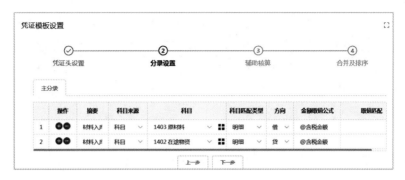

图 2-3-12　材料入库分录设置

（三）辅助核算设置

材料入库需要进行明细辅助核算。明细辅助核算栏位的"@项目【明细】"为默认设置，可以根据业务需要修改其操作符（见图 2-3-13）。

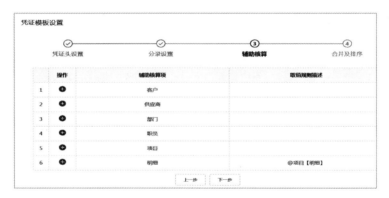

图 2-3-13　材料入库辅助核算设置

（四）合并及排序设置

凭证合并方式设置为"不合并"，分录合并方式为"不合并"。分录自定义排序选择"启用"，将排序条件设置为"借贷方"（见图 2-3-14）。

图 2-3-14　合并及排序设置

（五）生成凭证

经过票据类别、场景类别、场景配置和凭证模板四个流程的设置，对单据进行识别、审核记账后即可生成凭证。在"影像管理—影像识别"中先选择需要识别的单据，点击识别，选择相应的账期，即可识别单据上的明细内容。识别完成后，核对识别结果，若识别结果无误，则点击单据审核，审核完成后，即可生成相应的凭证（见图2-3-15）。

记账凭证

摘要	会计科目	借方金额	贷方金额
材料入库	140301 原材料-CPU	140,000.00	
材料入库	140201 在途物资-CPU		140,000.00
合计：壹拾肆万元整		140,000.00	140,000.00

图 2-3-15　生成记账凭证

云端演练

【实训任务】

材料入库业务的处理。

【实训目标】

1. 熟悉材料入库业务的处理流程及操作步骤；
2. 能熟练完成材料入库业务票据类别、场景类别和场景配置设置；
3. 能熟练完成材料入库业务的凭证模板设置；
4. 能熟练完成材料入库业务财务机器人自动账务处理。

【任务描述】

2019 年 7 月 6 日，厦门铭鸿电子科技有限公司入库 600 个偏光板、249 个彩色滤光片和 230 个背光灯管。请根据如图 2-3-16 所示的原始凭证，通过财务机器人云平台完成上述材料入库业务的处理。

入库单　　No：65253210

交货单位：厦门滤光电子科技有限公司　仓库：材料仓　日期：2019年07月06日

物资类别	品名	单位	规格	数量	单价	金额
原材料	偏光板	个		600	56.00	33600.00
原材料	彩色滤光片	个		249	40.00	9960.00
原材料	背光灯管	个		230	10.00	2300.00

合计大写　仟　佰　拾　万　仟　佰　拾　元　角　分

记账：赵旭　　保管：徐洪泽　　制票：徐洪泽

图 2-3-16　入库单

【考核评价】

考核评价记录表如表 2-3-1 所示。

表 2-3-1　考核评价记录表

过程考核（30%）		结果考核（60%）		增值评价（10%）	
考核内容及分值比重	得分	考核内容及分值比重	得分	考核等级及赋分标准	得分
职业态度（10%）（教师评价）		材料入库业务的票据类别设置（15%）		A（10 分）	
课堂表现（10%）（教师评价）		材料入库业务的场景类别和场景配置设置（15%）		B（5 分）	
创新合作（10%）（小组评价）		材料入库业务的凭证模板设置（30%）		C（0 分）	
合计		—		—	
自我反馈	收获：				
	困惑：				

任务 4　付款业务处理

🎯 学习目标

- 理解付款业务处理原理；
- 掌握业务票据建模中付款业务的票据类别设置；
- 掌握业务票据建模中付款业务的场景类别和场景配置设置；
- 掌握业务票据建模中付款业务的凭证模板设置。

☑ 知识框架

📖 知识准备

付款业务处理的付款业务票据建模流程。

【实训任务】

■ 任务描述

2019 年 7 月 5 日，厦门铭鸿电子科技有限公司收到开户行付款回单 1 张（见图 2-4-1）。根据厦门铭鸿电子科技有限公司提供的企业背景、业务情景和业务票据相关信息，在财务机器人云平台上建立相关业务模型并自动生成记账凭证。（账期为 2019 年 7 月，凭证合并方式为批次合并，分录合并方式为完全合并）

图 2-4-1 付款回单

■ 任务操作

财务机器人是基于人工预设的策略规则，在数据和配置正常情况下无须人工参与，形成相应业务的账务处理。对业务规则进行配置流程依次为：票据类别、场景类别、场景配置、凭证模板、科目匹配，若无设置科目匹配的必要，则到凭证模板即建模完成（见图 2-4-2）。

图 2-4-2 业务票据建模流程

☞ 操作一

扫描上传票据并识别

在进行建模设置之前首先需要导入单据数据，查看单据信息。在建模之前对单据进行识别，可以查看票据所识别的栏位基本信息，这些信息便是后续建模设置中可选择使用的"筛选项"。单据识别在业务票据建模之前或者之后都可以进行，但审核记账只有在业务票据建模设置完成后才能进行，审核记账后生成凭证（见图2-4-3）。

图 2-4-3　业务票据识别

☞ **操作二**

付款业务票据类别设置

票据类别设置是在票据进行简单分类的基础上，进行信息的匹配设置，其设置具体如图2-4-4所示。

图 2-4-4　票据类别设置流程

▶ **操作指导**

步骤1：根据业务票据中的单据信息，进入"业务票据建模—票据类别"处开始设置。点击"新增大类"，在主类别文本框内输入"银行票据"，最后保存即可。

步骤2：设置完大类信息后，对细类进行设置。在主类别"银行票据"下，点击"新增细类"，设置细分类别。在"新增细类"操作界面中，输入类别名称"银行付款回单"。

步骤3：从系统预设好的票据种类中选择"银行回单"。设置筛选项为"@付款方名称"，操作符为"等于"，匹配值为"厦门铭鸿电子科技有限公司"（见图2-4-5）。

图 2-4-5　票据类别设置

☞ **操作三**

付款业务场景类别设置

场景类别设置主要是把设置好的票据类别按照企业的业务场景进行设置。场景类别设置流程如图 2-4-6 所示。

图 2-4-6　场景类别设置流程

▶ **操作指导**

步骤 1：进入"业务票据建模—场景类别"，点击"新增大类"，大类设置为"往来场景"。

步骤 2：在"往来场景"下，新增细类"支付货款"。然后在"选择票种"处，选择"银行付款回单⇒银行回单"。

步骤 3：添加筛选条件，将筛选项设置为"@摘要"，操作符为"包含"，匹配值为"货款"（见图 2-4-7）。

图 2-4-7　场景类别设置

☞ **操作四**

场景配置设置

场景配置就是对场景类别和票据类别内容的再度组合，方便后续进行凭证模板设置。销售产品业务场景配置的设置流程如图 2-4-8 所示。

图 2-4-8　场景配置设置流程

▶ *操作指导*

步骤 1：进入"业务票据建模—场景配置"，点击"新增主场景"，主场景名称设为"往来业务"。

步骤 2：在该主场景下，点击"新增场景"，输入场景名称"支付货款"。

步骤 3：点击添加按钮新增项目，在"场景类别"项目中选择"往来业务⇒支付货款"，"票据类别"中选择"银行付款回单"（见图 2-4-9）。

图 2-4-9　场景配置设置

☞ **操作五**

凭证模板设置

凭证模板是对归集而成的票据进行凭证模板信息设置。凭证模板具体设置流程如图 2-4-10 所示。

图 2-4-10　凭证模板设置流程

（一）凭证头设置

在"业务票据建模—凭证模板设置"界面，选择"支付货款"会计场景，点击"新增模板"，设置模板名称为"支付货款"（见图2-4-11）。

图2-4-11　凭证头设置

会计业务场景：支付货款。记账日期：@交易日期。制单人：赵旭。模板名称：支付货款。凭证字：记账凭证。推送方式：自动推送。

（二）分录设置

分录设置是针对该笔业务进行分录内容的设置，是凭证模板设置四个流程中最重要的部分。

▶ **操作指导**

步骤1：设置摘要。将支付货款的主分录摘要设置为"支付货款"。

步骤2：选择科目来源、会计科目和借贷方向。科目来源为"科目"，支付货款的借方科目为"应付账款"，贷方科目为"银行存款"。科目匹配类型无须选择。

步骤3：添加金额取值公式。"应付账款"科目设置金额取值公式为"@含税金额"，"银行存款"科目设置金额取值公式为"@含税金额"（见图2-4-12）。

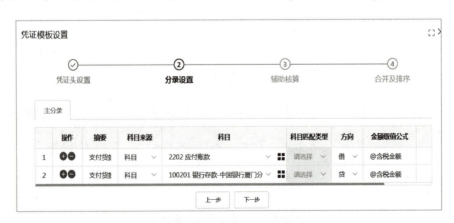

图2-4-12　凭证模板设置

（三）辅助核算设置

付款业务需要进行供应商核算和明细辅助核算。辅助核算供应商的固定栏位设置为"@收款方名称"，操作符为"等于"。明细辅助核算栏位的"@项目【明细】"为默认设置，可以根据业务需要修改其操作符（见图2-4-13）。

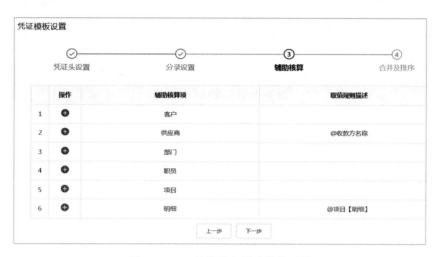

图 2-4-13　付款业务辅助核算设置

（四）合并及排序设置

凭证合并方式设置为"不合并"，分录合并方式为"不合并"。分录自定义排序选择"启用"，将排序条件设置为"借贷方"（见图2-4-14）。

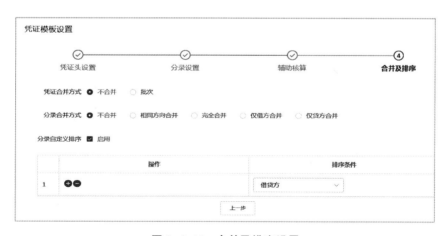

图 2-4-14　合并及排序设置

（五）生成凭证

经过票据类别、场景类别、场景配置和凭证模板四个流程的设置，对单据进行识别、审核记账后即可生成凭证。在"影像管理—影像识别"中先选择需要识别的单据，点击识别，选择相应的账期，即可识别单据上的明细内容。识别完成后，核对识别结果，若识别结果无误，则点击单据审核，审核完成后，即可生成相应的凭证（见图2-4-15）。

记账凭证

凭证字 记-11-1/1 号　　　　日期：2019-07-05　　　　单位：厦门铭鸿电子科技有限公司　　　　附单据：1张

摘要	会计科目	借方金额	贷方金额
支付货款	2202 应付账款	130,000.00	
支付货款	100201 银行存款·中国银行厦门分行621600152365		130,000.00
合计：壹拾叁万元整		130,000.00	130,000.00

制单人：赵娟　　　　　　　　　　　　　　　　　　　　　　　　　截图 Shift + Alt + A

图 2-4-15　生成记账凭证

📋 云端演练

【实训任务】

付款业务的处理。

【实训目标】

1. 熟悉付款业务的处理流程及操作步骤；
2. 能熟练完成付款业务票据类别、场景类别和场景配置设置；
3. 能熟练完成付款业务的凭证模板设置；
4. 能熟练完成付款业务财务机器人自动账务处理。

【任务描述】

2019 年 7 月 11 日，厦门铭鸿电子科技有限公司收到开户行付款回单 1 张。请根据图 2-4-16 的原始凭证，通过财务机器人云平台完成上述付款业务的处理。

图 2-4-16　国内支付业务收款回单

【考核评价】

考核评价记录表如表 2-4-1 所示。

表 2-4-1　考核评价记录表

过程考核（30%）			结果考核（60%）		增值评价（10%）	
考核内容及分值比重	得分		考核内容及分值比重	得分	考核等级及赋分标准	得分
职业态度（10%）（教师评价）			付款业务的票据类别设置（15%）		A（10分）	
课堂表现（10%）（教师评价）			付款业务的场景类别和场景配置设置（15%）		B（5分）	
创新合作（10%）（小组评价）			付款业务的凭证模板设置（30%）		C（0分）	
合计			—		—	
自我反馈	收获：					
	困惑：					

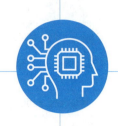

项目三 财务机器人生产业务处理

任务1 生产业务处理原理认知

🎯 学习目标

- 掌握财务机器人生产业务的相关概念；
- 理解财务机器人生产业务处理的原理；
- 了解生产业务会计信息化手工核算与财务机器人自动核算的区别。

☑ 知识框架

📖 知识准备

一、生产的相关概念

（一）生产的含义和工艺流程

广义的生产一般指的是企业的生产经营，是围绕企业产品的投入、产出、销售、分配乃至保持简单再生产或实现扩大再生产所开展的各种有组织的活动的总称。狭义的生产是指有形产品的制造，从原材料投入到成品产出的全过程。生产流程，又叫工艺流程或加工流程，是指在生产工艺中，从原料投入到成品产出，通过一定的设备按顺序连续地进行加工的过程。

（二）生产成本的内容

成本费用按要素可分为外购材料、外购燃料、外购动力费用，工资、职工福利费，折旧费，修理费，其他费用等；按经济用途可分为直接材料、直接人工、制造费用、外购动力；按其与特定产品的关系可分为直接成本和间接费用。

生产成本是生产单位为生产产品或提供劳务而发生的各项生产费用，主要包括：生产经营过程中实际消耗的原材料、辅助材料、燃料、动力等；企业直接从事产品生产人员的工资和提取的福利费；车间、房屋、建筑物和机器设备的折旧费、租赁费、修理费等以及其他为组织、管理生产活动所发生的制造费用等。

二、财务机器人生产业务处理原理

（一）生产领用材料

生产领用材料业务通常都会产生多联次的领料单，如果企业采用移动加权平均法进行原材料成本计算，可以在领料完成后进行账务处理；采用月末一次加权平均法进行原材料成本计算，可以根据领料单或进销存系统导出的领料汇总数量在月末编制领料汇总表。会计信息化人工录入记账凭证需要根据领料汇总表对逐个材料和产品内容进行账务处理，财务机器人自动生成记账凭证则是指根据材料明细和产品名称自动识别科目和金额，建好Excel模型并导入Excel数据自动生成记账凭证。

（二）生产间接费用分配

生产间接费用分配一般指的是制造费用的分配，制造费用指企业为生产产品和提供劳务而发生的各项间接费用，月末通常需要把本月发生的制造费用根据产品受益原则分配。会计信息化人工录入记账凭证需要根据"通用摊销分配表"结转，制造费用项目按制造费用的明细项目和受益产品进行账务处理；财务机器人自动生成记账凭证是指根据材料明细和产品名称自动识别科目和金额，建好Excel模型并导入Excel数据，自动生成记账凭证。

（三）结转完工产品成本

结转完工产品成本是以产品成本计算表的数据为依据，通过识别表中的产品名称、成本项目，匹配相应的科目和金额，自动生成记账凭证。与前面领用材料业务和结转制造费用业务原理相似，特别注意要准确填制产品成本计算表中的产品名称。

任务2　生产领用材料业务处理

◎ 学习目标

- 理解生产领用材料业务账务处理、票据识别原理以及Excel数据建模原理；
- 掌握生产领用材料业务的Excel数据建模以及凭证的正确生成。

知识框架

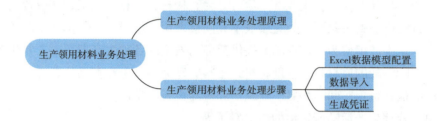

知识准备

一、生产领用材料业务处理原理

生产领用材料（以下简称"领料"）流程大致是领料人员提出领料申请，填写领料单，按照生产需要填写相应的领用物资。领料单上填写的信息主要是领料单位、日期、名称规格、领用数量、用途以及领料人员签名。随后将领料单交由领料部门主管审核，审核无误后签字确认。最后交由仓库管理员签字，对照领料单上的物品进行发料（见图3-2-1）。

图 3-2-1　生产领料业务处理流程

二、生产领用材料业务处理步骤

会计信息化人工录入记账凭证需要根据领料汇总表对材料和产品内容进行账务处理，财务机器人自动生成记账凭证则是指根据材料明细和产品名称自动识别科目和金额，建好Excel模型并导入Excel数据自动生成记账凭证。

> **知识点拨**
>
> 　　业务票据建模是处理票据，需要通过 OCR 识别技术，将票据上的数据提取出来，而 Excel 数据是企业内部编制的表格，数据可以直接使用，二者在建模形式也会有较大的差异。

【实训任务】

■ **任务描述**

厦门铭鸿电子科技有限公司根据 2019 年 7 月份发生的领料业务，建立 Excel 数据模

型，下载 Excel 数据并上传自动生成记账凭证。(分录合并方式为相同方向合并)

厦门铭鸿电子科技有限公司 7 月份发生生产领料业务，取得领料单 12 张，单据见图 3-2-3。

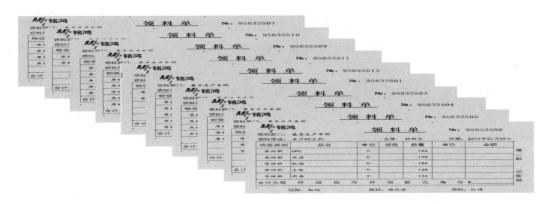

图 3-2-2　生产领料单

■ **任务操作**

☞ **操作一**

原始单据填制

根据厦门铭鸿电子科技有限公司的领料单，在月末编制领料汇总表，如图 3-2-3 所示。

领料汇总表

所属单位：厦门铭鸿电子科技有限公司　　　所属账期：2019年7月　　　编制日期：2019年7月31日

序号	材料	月末一次加权平均单价	PC主机数量	PC主机金额	LED显示器数量	LED显示器金额	基本生产车间数量	基本生产车间金额	合计数量	合计金额
1	CPU	699.79	710.00	496854.36					710.00	496854.36
2	电源	51.99	680.00	35355.24					680.00	35355.24
3	机箱	305.99	698.00	213584.12					698.00	213584.12
4	主板	230.97	690.00	159367.99					690.00	159367.99
5	内存	205.93	698.00	143742.28					698.00	143742.28
6	驱动板	145.91			708.00	103306.06			708.00	103306.06
7	电源板	86.00			690.00	59340.00			690.00	59340.00
8	功能面板	90.00			702.00	63180.00			702.00	63180.00
9	导光板	68.00			715.00	48620.00			715.00	48620.00
10	偏光板	56.00			1350.00	75597.74			1350.00	75597.74
11	彩色滤光片	40.00			705.00	28200.00			705.00	28200.00
12	背光灯管	10.00			702.00	7020.00			702.00	7020.00
—	合计		3476.00	1048903.99	5572.00	385263.80	0.00	0.00	9048.00	1434167.79

制单：赵旭

图 3-2-3　领料汇总表①

---

① 本书中带阴影的表皆为截图，特此说明。

☞ **操作二**

模板配置

模板配置分为三部分，即凭证头设置、分录设置和合并及排序。其中，分录设置最为关键，直接影响到凭证的生成与否。其建模流程如下：

（一）凭证头设置

凭证头信息中"记账日期"、"账期"和"制单人"已默认设置为"@编制日期"、"所属账期"和"@制单"，分别对应 Excel 模板中编制日期、所属账期和制单三个信息。填制模板时需要在相应位置中填写，否则无法取到该项信息。"模板名称"可以设置为"生产领料"，"文档类型"选择"领料汇总表"，"推送方式"选择"自动推送"（见图 3-2-4）。设置完成点击下一步即可设置分录。

图 3-2-4 凭证头设置

（二）分录设置

▶ **操作指导**

步骤 1：设置摘要，摘要选择"@模板名称"或"@文档类型"。

步骤 2：添加会计科目和方向。该案例中生产领料业务主要有三个领用项目，即 PC 主机领用、LED 显示器领用和基本生产车间共同领用。因此其会计分录借方为"生产成本——基本生产成本——PC 主机——直接材料"、"生产成本——基本生产成本——LED 显示器——直接材料"和"制造费用——材料费"，贷方则选择"原材料"科目（见图 3-2-5）。

图 3-2-5 分录设置

步骤3：设置贷方"原材料"科目的明细取值坐标。当企业材料繁多，一一对应选择原材料明细科目，设置模板稍显复杂。因此可以对原材料科目使用坐标取值方法设置明细科目，减少模板规则的复杂程度。明细设置的原理就是将原材料的明细科目与领料汇总表中的材料，通过坐标互相匹配。点击明细设置，在取值坐标处输入 Excel 表中材料的坐标位置"B4-B15"，材料明细坐标如图 3-2-6 所示。

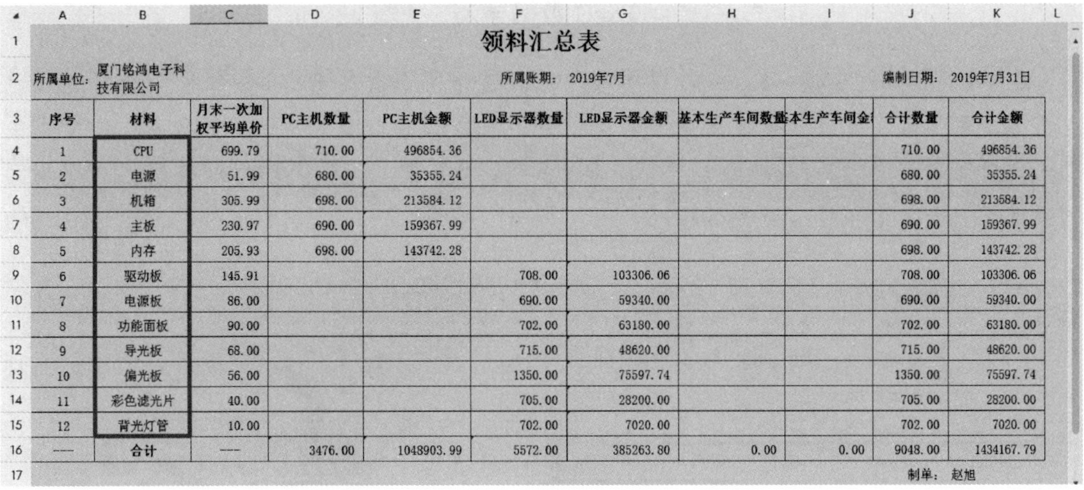

图 3-2-6 领料汇总表

步骤4：设置金额取值。"生产成本——基本生产车间——PC 主机——直接材料"科目的金额取值设置为"PC 主机金额"和"合计"；"生产成本——基本生产车间——LED显示器——直接材料"科目的金额取值设置为"LED 显示器金额"和"合计"。"制造费用——材料费"科目的金额取值设置为"基本生产车间金额"和"合计"。"原材料"科目的金额取值设置为"合计金额"。

（三）合并及排序设置

分录合并方式依照业务要求选择为"相同方向合并"。分录自定义排序可选择性设置启用，若分录自定义排序选择"启用"，将排序条件设置为"借贷方"（见图 3-2-7）。

图 3-2-7 合并及排序设置

知识点拨

当会计科目需要设置坐标明细时，其金额取值栏的内容必须填写在第一个。

☞ **操作三**

Excel 数据导入

在"Excel 数据建模—Excel 数据导入"中，选择所下载的 Excel 数据表，选择完成后点击上传即可生成凭证。表格数据错误（借贷不平或模板配置错误），会导致凭证生成失败。当凭证未生成时，Excel 数据凭证异常处会显示异常，需要先自行排查原因，解决问题后重新上传表格即可（见图 3-2-8）。

号	文档名称	操作
1	产品成本计算表.xlsx	± 下载
2	发放工资汇总表.xlsx	± 下载
3	计提工资汇总表.xlsx	± 下载
4	领料汇总表.xlsx	± 下载
5	营业成本计算表.xlsx	± 下载
6	通用计提表.xlsx	± 下载
7	通用摊销分配表.xlsx	± 下载

图 3-2-8　Excel 数据导入

生产领料业务所生成的凭证见图 3-2-9 和图 3-2-10。

账期	凭证号	凭证日期	摘要	会计科目	借方金额	贷方金额	附件	制单人	文件	凭证合并	分录合并	推送状态
2019-07	记-16	2019-07-31	领用材料	5001010201 生产成本-基本生产成本-LED显示器-直接材料	385263.8		1	赵旭	下载	不合并	完全合并	已推送
			领用材料	140310 原材料-偏光板		75597.74						
			领用材料	140311 原材料-彩色滤光片		28200						
			领用材料	140301 原材料-CPU		496854.36						
			领用材料	140312 原材料-背光灯管		7020						
			领用材料	140302 原材料-电源		35355.24						
			领用材料	140303 原材料-机箱		213584.12						
			领用材料	140304 原材料-主板		159367.99						
			领用材料	140305 原材料-内存		143742.28						
			领用材料	140306 原材料-驱动板		103306.06						
			领用材料	140307 原材料-电源板		59340						
			领用材料	140308 原材料-功能圆板		63180						
			领用材料	140309 原材料-导光板		48620						

图 3-2-9　生成凭证模板

记账凭证

凭证字 记-16-1/3 号　　　　日期：2019-07-31　　　　单位：厦门铭鸿电子科技有限公司　　　　附单据：1张

摘要	会计科目	借方金额	贷方金额
领用原料	5001010101 生产成本-基本生产成本-PC主机-直接材料	1,048,903.99	
领用原料	5001010201 生产成本-基本生产成本-LED显示器-直接材料	385,263.80	
领用原料	140310 原材料-偏光板		75,597.74
领用原料	140311 原材料-彩色滤光片		28,200.00
领用原料	140301 原材料-CPU		496,854.36
合计			

制单人：赵磊

（a）

记账凭证

凭证字 记-16-2/3 号　　　　日期：2019-07-31　　　　单位：厦门铭鸿电子科技有限公司　　　　附单据：1张

摘要	会计科目	借方金额	贷方金额
领用原料	140312 原材料-背光灯管		7,020.00
领用原料	140302 原材料-电源		35,355.24
领用原料	140303 原材料-机箱		211,584.12
领用原料	140304 原材料-主板		159,367.99
领用原料	140305 原材料-内存		143,742.28
合计			

制单人：赵磊

（b）

记账凭证

凭证字 记-16-3/3 号　　　　日期：2019-07-31　　　　单位：厦门铭鸿电子科技有限公司　　　　附单据：1张

摘要	会计科目	借方金额	贷方金额
领用材料	140306 原材料-驱动板		103,306.06
领用材料	140307 原材料-电源板		59,340.00
领用材料	140308 原材料-功能面板		63,180.00
领用材料	140309 原材料-导光板		48,620.00
合计：壹佰肆拾叁万肆仟壹佰陆拾柒元柒角玖分		1,434,167.79	1,434,167.79

制单人：赵磊

（c）

图 3-2-10　生成记账凭证

云端演练

【实训任务】

厦门铭鸿电子科技有限公司 2019 年 8 月份领料业务处理。

【实训目标】

1. 熟悉领料业务的处理流程及操作步骤；

2. 能熟练完成领料业务模板配置；

3. 能熟练完成 Excel 模板下载，领料汇总表填制，Excel 上传处理；

4. 能熟练完成领料业务财务机器人自动账务处理。

【任务描述 1】

2019 年 8 月，下载厦门铭鸿电子科技有限公司领料单，如图 3-2-11 所示。

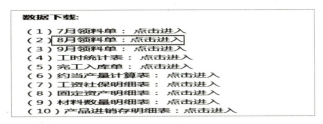

图 3-2-11　原始材料下载

【任务描述 2】

根据厦门铭鸿电子科技有限公司提供的企业背景、业务情景和业务票据相关信息，针对 2019 年 8 月份发生的领料业务，下载 Excel 导入数据，建立 Excel 数据模型，并上传自动生成记账凭证。（分录合并方式为不合并）

【考核评价】

考核评价记录表如表 3-2-1 所示。

表 3-2-1　考核评价记录表

过程考核（30%）		结果考核（60%）		增值评价（10%）	
考核内容及分值比重	得分	考核内容及分值比重	得分	考核等级及赋分标准	得分
职业态度（10%）（教师评价）		领料业务原始资料下载（15%）		A（10分）	
课堂表现（10%）（教师评价）		领料汇总表填制并上传（15%）		B（5分）	
创新合作（10%）（小组评价）		领用材料业务 Excel 凭证模板设置（30%）		C（0分）	
合计		—		—	
自我反馈	收获				
	困惑				

任务 3　人工成本业务处理

🎯 学习目标

- 理解人工成本业务账务处理、票据识别原理以及 Excel 数据建模原理；
- 掌握人工成本业务的 Excel 数据建模以及凭证的正确生成。

☑ 知识框架

📑 **知识准备**

一、人工成本业务处理原理

对于生产过程中直接进行产品生产的生产工人的职工薪酬，直接计入产品生产成本；不能直接计入产品成本的按照工时、产品产量等方式进行分配，如果不能获取到各种产品的实际生产工时，也可以按照产品的定额工时进行分配。企业生产过程中发生的生产工人职工薪酬，一般计入生产成本和制造费用。

二、人工成本业务处理步骤

生产过程中人工成本业务指的是员工薪酬的分配，员工薪酬的发生根据员工所属的部门及所提供的服务进行归集和分配，直接生产工人的薪酬计入"生产成本——基本生产成本——直接人工"，车间管理人员及服务人员的薪酬计入"制造费用"，行政管理人员的薪酬计入"管理费用"，销售人员的薪酬计入"销售费用"。会计信息化人工录入记账凭证需要根据"工资分配表"，按照明细项目和受益产品进行分配账务处理。财务机器人自动生成记账凭证是指根据材料明细和产品名称自动识别科目和金额，建好 Excel 模型并导入 Excel 数据自动生成记账凭证。

【实训任务】

■ 任务描述

厦门铭鸿电子科技有限公司根据 2019 年 7 月份发生的人工成本业务，建立 Excel 数据模型，下载 Excel 数据并上传自动生成记账凭证。从信息中心下载厦门铭鸿电子科技有限公司 7 月份的工资社保明细表如图 3-3-1 所示。（分录合并方式为相同方向合并）

数据下载：

（1）7月领料单： 点击进入
（2）8月领料单： 点击进入
（3）9月领料单： 点击进入
（4）工时统计表： 点击进入
（5）完工入库单： 点击进入
（6）约当产量计算表： 点击进入
（7）工资社保明细表： 点击进入
（8）固定资产明细表： 点击进入
（9）材料数量明细表： 点击进入
（10）产品进销存明细表： 点击进入

图 3-3-1　人工成本处理

人工成本数据下载如图 3-3-2、图 3-3-3 所示。

序号	姓名	职位	所属部门	缴费基数	养老保险				失业保险				工伤保险				生育保险				医疗保险				合计	
					单位缴费比例	单位缴费金额	个人缴费比例	个人缴费金额	单位缴费比例	单位缴费金额	个人缴费比例	个人缴费金额	单位缴费比例	单位缴费金额	个人缴费比例	个人缴费金额	单位缴费比例	单位缴费金额	个人缴费比例	个人缴费金额	单位缴费比例	单位缴费金额	个人缴费比例	个人缴费金额	单位缴费金额	个人缴费金额
1	张强承	总经理	行政部	3030.00	19.00%	575.70	8.00%	242.40	0.50%	15.15	0.50%	15.15	0.12%	3.64	0.00%	0.00	0.80%	24.24	0.00%	0.00	9.00%	272.70	2.00%	60.60	891.43	318.15
2	洪修梓	行政人员	行政部	3030.00	19.00%	575.70	8.00%	242.40	0.50%	15.15	0.50%	15.15	0.12%	3.64	0.00%	0.00	0.80%	24.24	0.00%	0.00	9.00%	272.70	2.00%	60.60	891.43	318.15
3	徐洪泽	仓库管理员	行政部	3030.00	19.00%	575.70	8.00%	242.40	0.50%	15.15	0.50%	15.15	0.12%	3.64	0.00%	0.00	0.80%	24.24	0.00%	0.00	9.00%	272.70	2.00%	60.60	891.43	318.15
	合计			9090.00		1727.10		727.20		45.45		45.45		10.92		0.00		72.72		0.00		818.10		181.80	2674.29	954.45
4	王可馨	出纳/兼票据员	财务部	3030.00	19.00%	575.70	8.00%	242.40	0.50%	15.15	0.50%	15.15	0.12%	3.64	0.00%	0.00	0.80%	24.24	0.00%	0.00	9.00%	272.70	2.00%	60.60	891.43	318.15
5	赵旭	业务会计	财务部	3030.00	19.00%	575.70	8.00%	242.40	0.50%	15.15	0.50%	15.15	0.12%	3.64	0.00%	0.00	0.80%	24.24	0.00%	0.00	9.00%	272.70	2.00%	60.60	891.43	318.15
6	钟莉	审核会计	财务部	3030.00	19.00%	575.70	8.00%	242.40	0.50%	15.15	0.50%	15.15	0.12%	3.64	0.00%	0.00	0.80%	24.24	0.00%	0.00	9.00%	272.70	2.00%	60.60	891.43	318.15
	合计			9090.00		1727.10		727.20		45.45		45.45		10.92		0.00		72.72		0.00		818.10		181.80	2674.29	954.45
7	许萍鑫	销售经理	销售部	3030.00	19.00%	575.70	8.00%	242.40	0.50%	15.15	0.50%	15.15	0.12%	3.64	0.00%	0.00	0.80%	24.24	0.00%	0.00	9.00%	272.70	2.00%	60.60	891.43	318.15
8	王志新	业务员	销售部	3030.00	19.00%	575.70	8.00%	242.40	0.50%	15.15	0.50%	15.15	0.12%	3.64	0.00%	0.00	0.80%	24.24	0.00%	0.00	9.00%	272.70	2.00%	60.60	891.43	318.15
	合计			6060.00		1151.40		484.80		30.30		30.30		7.28		0.00		48.48		0.00		545.40		121.20	1782.86	636.30
9	孙鸿	生产主管	生产管理部	3030.00	19.00%	575.70	8.00%	242.40	0.50%	15.15	0.50%	15.15	0.12%	3.64	0.00%	0.00	0.80%	24.24	0.00%	0.00	9.00%	272.70	2.00%	60.60	891.43	318.15
	合计			3030.00		575.70		242.40		15.15		15.15		3.64		0.00		24.24		0.00		272.70		60.60	891.43	318.15
10	王自强	生产工人	生产车间-PC主机	3030.00	19.00%	575.70	8.00%	242.40	0.50%	15.15	0.50%	15.15	0.12%	3.64	0.00%	0.00	0.80%	24.24	0.00%	0.00	9.00%	272.70	2.00%	60.60	891.43	318.15
11	陈小青	生产工人	生产车间-PC主机	3030.00	19.00%	575.70	8.00%	242.40	0.50%	15.15	0.50%	15.15	0.12%	3.64	0.00%	0.00	0.80%	24.24	0.00%	0.00	9.00%	272.70	2.00%	60.60	891.43	318.15
12	王子熙	生产工人	生产车间-PC主机	3030.00	19.00%	575.70	8.00%	242.40	0.50%	15.15	0.50%	15.15	0.12%	3.64	0.00%	0.00	0.80%	24.24	0.00%	0.00	9.00%	272.70	2.00%	60.60	891.43	318.15
13	雷红丽	生产工人	生产车间-PC主机	3030.00	19.00%	575.70	8.00%	242.40	0.50%	15.15	0.50%	15.15	0.12%	3.64	0.00%	0.00	0.80%	24.24	0.00%	0.00	9.00%	272.70	2.00%	60.60	891.43	318.15
14	张子萱	生产工人	生产车间-PC主机	3030.00	19.00%	575.70	8.00%	242.40	0.50%	15.15	0.50%	15.15	0.12%	3.64	0.00%	0.00	0.80%	24.24	0.00%	0.00	9.00%	272.70	2.00%	60.60	891.43	318.15
	合计			15150.00		2878.50		1212.00		75.75		75.75		18.20		0.00		121.20		0.00		1363.50		303.00	4457.15	1590.75
15	张丽	生产工人	生产车间-LED显示屏	3030.00	19.00%	575.70	8.00%	242.40	0.50%	15.15	0.50%	15.15	0.12%	3.64	0.00%	0.00	0.80%	24.24	0.00%	0.00	9.00%	272.70	2.00%	60.60	891.43	318.15
16	李琳琳	生产工人	生产车间-LED显示屏	3030.00	19.00%	575.70	8.00%	242.40	0.50%	15.15	0.50%	15.15	0.12%	3.64	0.00%	0.00	0.80%	24.24	0.00%	0.00	9.00%	272.70	2.00%	60.60	891.43	318.15
17	张立成	生产工人	生产车间-LED显示屏	3030.00	19.00%	575.70	8.00%	242.40	0.50%	15.15	0.50%	15.15	0.12%	3.64	0.00%	0.00	0.80%	24.24	0.00%	0.00	9.00%	272.70	2.00%	60.60	891.43	318.15
18	徐超群	生产工人	生产车间-LED显示屏	3030.00	19.00%	575.70	8.00%	242.40	0.50%	15.15	0.50%	15.15	0.12%	3.64	0.00%	0.00	0.80%	24.24	0.00%	0.00	9.00%	272.70	2.00%	60.60	891.43	318.15
	合计			12120.00		2302.80		969.60		60.60		60.60		14.56		0.00		96.96		0.00		1090.80		242.40	1272.60	969.60
	总计			54540.00		10362.60		4363.20		272.70		272.70		65.52		0.00		436.32		0.00		4908.60		1090.80	16045.74	5726.70

图 3-3-2　职工社保缴费明细表

序号	姓名	职位	所属部门	基本工资	销售提成	奖金	补贴	应付工资	个人缴纳社保	单位缴纳社保	单位总支出
1	张强承	总经理	行政部	8000				8000	318.15	891.43	8891.43
2	洪修梓	行政人员	行政部	4000				4000	318.15	891.43	4891.43
3	徐洪泽	仓库管理员	行政部	4500				4500	318.15	891.43	5391.43
	合计			16500	0		0	16500	954.45	2674.29	19174.29
4	王可馨	出纳/兼票据员	财务部	4000				4000	318.15	891.43	4891.43
5	赵旭	业务会计	财务部	6000				6000	318.15	891.43	6891.43
6	钟莉	审核会计	财务部	5000				5000	318.15	891.43	5891.43
	合计			15000	0		0	15000	954.45	2674.29	17674.29
7	许萍鑫	销售经理	销售部	6500	350			6850	318.15	891.43	7741.43
8	王志新	业务员	销售部	4000	250			4250	318.15	891.43	5141.43
	合计			10500	600	0	0	11100	636.3	1782.86	12882.86
9	孙鸿	生产主管	生产管理部	5000		1800		6800	318.15	891.43	7691.43
	合计			5000		1800		6800	318.15	891.43	7691.43
10	王自强	生产工人	生产车间-PC主机	3800		1100		4900	318.15	891.43	5791.43
11	陈小青	生产工人	生产车间-PC主机	3800		900		4700	318.15	891.43	5591.43
12	王子熙	生产工人	生产车间-PC主机	3800		1400		5200	318.15	891.43	6091.43
13	雷红丽	生产工人	生产车间-PC主机	3800		1700		5500	318.15	891.43	6391.43
14	张子萱	生产工人	生产车间-PC主机	3800		1600		5400	318.15	891.43	6291.43
	合计			19000		6700		25700	1590.75	4457.15	30157.15
15	张丽	生产工人	生产车间-LED显示屏	3800		1300		5100	318.15	891.43	5991.43
16	李琳琳	生产工人	生产车间-LED显示屏	3800		1200		5000	318.15	891.43	5891.43
17	张立成	生产工人	生产车间-LED显示屏	3800		1100		4900	318.15	891.43	5791.43
18	徐超群	生产工人	生产车间-LED显示屏	3800		1200		5000	318.15	891.43	5891.43
	合计			15200	0	4800	0	20000	1272.6	3565.72	23565.72
	总计			81200	600	13300	0	95100	5726.7	16045.74	111145.74

表头：7月份计提工资明细表　所属单位：厦门铭鸿电子科技有限公司　所属账期：2019年7月　编制日期：2019年7月31日

工作表标签：社保　7月发放工资　7月计提工资　8月发放工资　8月计提工资　9月发放工资　9月计提工...

图 3-3-3　计提工资汇总表

任务操作

根据厦门铭鸿电子科技有限公司提供的企业背景、业务情景和业务票据相关信息，针对 2019 年 7 月份发生的人工成本业务，建立 Excel 数据模型，下载 Excel 数据并上传，自动生成记账凭证。（分录合并方式为相同方向合并）

☞ 操作一

工资费用计提业务处理

在"Excel 数据建模—模板下载"处，下载"计提工资汇总表"模板；根据"工资社保明细表"中"7 月份计提工资"填制厦门铭鸿电子科技有限公司 7 月份的"计提工资汇总表"（见图 3-3-4）。

图 3-3-4　计提工资汇总表

注：填制计提工资汇总表，所属单位、所属账期、编制日期、所属部门、应付工资、养老保险（单位）、失业保险（单位）、工伤保险（单位）、生育保险（单位）、医疗保险（单位）、五险合计、合计（应付工资、各单位缴纳社保费、五险合计）为必填项。

①所属单位：填写对应企业全称，如"厦门信德工业有限公司"。

②所属账期：填写对应账务日期，格式如"2019 年 7 月"。

③编制日期：实务中一般填写账期的最后一天，格式如"2019 年 7 月 31 日"。

④所属部门：可选项，根据企业具体涉及的部门选择正确的所属部门，如行政、销售部、财务部等。

⑤基本工资、⑥销售提成、⑦奖金、⑧补贴、⑨应付工资：根据计提工资明细表对应部门合计数填写。

⑩养老保险（单位）、⑪失业保险（单位）、⑫工伤保险（单位）、⑬生育保险（单位）、⑭医疗保险（单位）：根据职工社会保险缴费明细表各部门各项社保费单位缴费合计数填写。

⑮五险合计：对应所属部门社保费单位缴费金额合计。

⑯合计：⑤至⑮各项合计。

知识点拨

计提工资时，管理费用与销售费用中借方的社保费为单位缴纳的部分，个人缴纳的部分在其对应的应付工资里面；基本生产车间中的生产管理部工资记入"制造费用——人工费"中（单位总支付）；某产品工人工资记入生产成本中对应产品的直接人工（单位总支付）。贷方"应付职工薪酬——社会保险费"为单位缴纳部分。

☞ **操作二**

模板配置

（一）凭证头设置

凭证头设置中，"模板名称"可以设置为"计提工资"，"文档类型"选择"计提工资

汇总表"，"推送方式"选择"自动推送"。设置完成点击下一步即可设置分录（见图 3-3-5）。

①	②	③
凭证头设置	分录设置	合并及排序

*模板名称	计提工资	*文档类型	计提工资汇总表
记账日期	@编制日期	账期	@所属账期
制单人	@制单	推送方式	自动推送

上一步　下一步

图 3-3-5　凭证头设置

（二）分录设置

▶ **操作指导**

步骤 1：设置摘要，摘要选择为"模板名称"或"文档类型"。

步骤 2：选择会计科目和方向。根据相关信息显示，计提生产车间的人员工资分为三部分，一部分是生产 PC 主机的工人工资，一部分是生产 LED 显示器的工人工资，还有一部分是生产车间管理人员的工资。生产产品的工人工资直接计入产品成本，生产车间管理人员的工资则计入制造费用中。因此该业务的会计分录借方为"生产成本——基本生产成本——PC 主机——直接人工"、"生产成本——基本生产成本——LED 显示器——直接人工"和"制造费用——人工费"。贷方科目则为"应付职工薪酬——工资"、"应付职工薪酬——设定提存计划"、"应付职工薪酬——工伤保险"、"应付职工薪酬——生育保险"和"应付职工薪酬——医疗保险"。

步骤 3：设置金额取值。借方科目"制造费用——人工费"的金额取值为"生产管理部"和"单位总支出"；"生产成本——基本生产成本——PC 主机——直接人工"的金额取值为"PC 主机生产车间"和"单位总支出"；"生产成本——基本生产成本——LED 显示器——直接人工"的金额取值为"LED 显示器生产车间"和"单位总支出"。同理，贷方科目"应付职工薪酬——工资"取值为"合计"和"应付工资"；"应付职工薪酬——设定提存计划（养老、失业保险）"取值为"合计"、"养老保险（单位）"和"失业保险（单位）"；"应付职工薪酬——工伤保险"取值为"合计"和"工伤保险（单位）"；"应付职工薪酬——生育保险"取值为"合计"和"生育保险（单位）"；"应付职工薪酬——医疗保险"取值为"合计"和"医疗保险（单位）"（见图 3-3-6）。

（三）合并及排序设置

分录合并方式依照业务要求选择为"相同方向合并"。分录自定义排序可选择性设置"启用"，若分录自定义排序选择"启用"，将排序条件设置为"借贷方"（见图 3-3-7）。

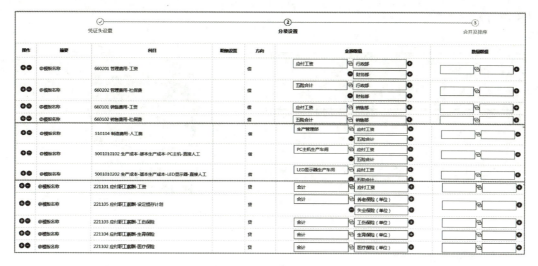

图 3-3-6 分录设置

图 3-3-7 合并及排序设置

知识点拨

金额取值一般无特定的填写顺序。存在下列情形时，才有特定的填写位置：

1. 当会计科目需要通过坐标设置明细时，其金额取值栏必须填写在第一个。不得空置第一个，单独写在后面。

2. 当一个科目需要取多个位置的金额合计数时，其金额取值存在特定先后顺序：应付职工薪酬——设定提存计划（养老、失业保险）设置为"合计"、"养老保险（单位）"和"失业保险（单位）"，此时，"合计"要固定放在前面，意为应付职工薪酬——设定提存计划（养老、失业保险）科目的金额取值为养老保险（单位）和失业保险（单位）合计栏的加总数。

☞ **操作三**

Excel 数据导入

在"Excel 数据建模—Excel 数据导入"中，选择所下载的 Excel 数据表，选择完成后点击上传即可生成凭证。计提生产车间人工成本业务所生成的凭证（见图 3-3-8 至

图 3-3-10）。

序号	文档名称	操作
1	产品成本计算账.xlsx	上下载
2	发放工资汇总账.xlsx	上下载
3	计提工资汇总账.xlsx	上下载
4	银汇总账.xlsx	上下载
5	营业成本计提账.xlsx	上下载
6	通用计提账.xlsx	上下载
7	通用摊销凭证账.xlsx	上下载

图 3-3-8　Excel 数据导入

	账期	凭证号	凭证日期	摘要	会计科目	借方金额	贷方金额	附件	制单人	文件	凭证合并	分录合并	推送状态
	2019-07	记-18	2019-07-31	计提工资	510104 制造费用-人工费	7479.33		1		下载	不合并	完全合并	已推送
				计提工资	660101 销售费用-工资	11100							
				计提工资	660102 销售费用-社保费	1358.66							
				计提工资	660201 管理费用-工资	31500							
				计提工资	5001010202 生产成本-基…	22717.32							
				计提工资	5001010102 生产成本-基…	29096.65							
				计提工资	660202 管理费用-社保费	4075.98							
				计提工资	221101 应付职工薪酬-工资		95100						
				计提工资	221103 应付职工薪酬-工伤…		65.52						
				计提工资	221102 应付职工薪酬-医疗…		1090.8						
				计提工资	221105 应付职工薪酬-设定…		10635.3						
				计提工资	221104 应付职工薪酬-生育…		436.32						

图 3-3-9　生成凭证模板

记账凭证

凭证字：记-18-1/3 号　　　　日期：2019-07-31　　　单位：厦门绒海电子科技有限公司　　　附单据：1张

摘要	会计科目	借方金额	贷方金额
计提工资	510104 制造费用-人工费	7,479.33	
计提工资	660101 销售费用-工资	11,100.00	
计提工资	660102 销售费用-社保费	1,358.66	
计提工资	660201 管理费用-工资	31,500.00	
计提工资	5001010202 生产成本-基本生产成本-LED显示器-直接人工	22,717.32	
计提工资	5001010102 生产成本-基本生产成本-PC主机-直接人工	29,096.65	
计提工资	660202 管理费用-社保费	4,075.98	
计提工资	221101 应付职工薪酬-工资		95,100.00
计提工资	221103 应付职工薪酬-工伤保险		65.52
计提工资	221102 应付职工薪酬-医疗保险		1,090.80
计提工资	221105 应付职工薪酬-设定提存计划		10,635.30
计提工资	221104 应付职工薪酬-生育保险		436.32
合计：壹拾万柒仟叁佰贰拾柒元玖角肆分		107,327.94	107,327.94

制单人：

图 3-3-10　生成记账凭证

📃 云端演练

【实训任务】

人工成本业务的处理。

【实训目标】

1. 熟悉人工成本业务的处理流程及操作步骤；
2. 能熟练完成人工成本业务模板配置；
3. 能熟练完成 Excel 模板下载，计提工资汇总表填制，Excel 上传处理；
4. 能熟练完成人工成本业务财务机器人自动账务处理。

【任务描述 1】

2019 年 8 月，下载厦门铭鸿电子科技有限公司入库单，如图 3-3-11 所示。

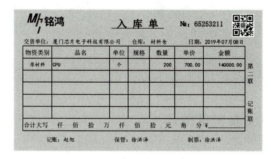

图 3-3-11　数据下载截图

【任务描述 2】

根据厦门铭鸿电子科技有限公司提供的企业背景、业务情景和业务票据相关信息，针对 2019 年 8 月份发生的人工成本业务，下载 Excel 导入数据，建立 Excel 数据模型，并上传自动生成记账凭证。（分录合并方式为不合并）

【考核评价】

考核评价记录表如表 3-3-1 所示。

表 3-3-1　考核评价记录表

过程考核（30%）		结果考核（60%）		增值评价（10%）	
考核内容及分值比重	得分	考核内容及分值比重	得分	考核等级 及赋分标准	得分
职业态度（10%）（教师评价）		人工成本业务原始资料下载（15%）		A（10 分）	
课堂表现（10%）（教师评价）		计提工资汇总表填制并上传（15%）		B（5 分）	
创新合作（10%）（小组评价）		人工成本业务 Excel 凭证模板设置（30%）		C（0 分）	
合计		—		—	
自我 反馈	收获				
	困惑				

任务4　制造费用分配结转业务处理

学习目标

- 掌握财务机器人生产制造费用分配的业务处理原理；
- 了解生产业务会计信息化手工核算与财务机器人自动核算的区别。

知识框架

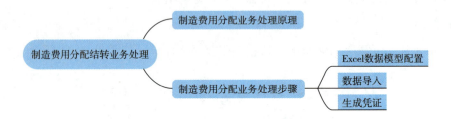

知识准备

一、制造费用分配业务处理原理

（一）分配原则

制造费用指企业为生产产品和提供劳务而发生的各项间接费用，月末通常需要把本月发生的制造费用根据产品受益原则进行分配。

（二）分配方法

1. 生产工时比例分配法，是按各种产品所耗生产工人工时的比例分配制造费用的一种方法。其计算公式为：

$$制造费用分配率=待分配总额÷生产工人实际工时数$$
$$某产品应负担的制造费用=该产品的生产工人实际工时数×制造费用分配率$$

2. 生产工人工资比例分配法，是按照计入各种产品成本的生产工人工资比例分配制造费用的一种方法。采用这一方法的前提是各种产品生产机械化的程度大致相同，否则机械化程度低的产品所用工资费用多，负担的制造费用也要多，而机械化程度高的产品则负担的制造费用较少，从而影响费用分配的合理性。其计算公式为：

$$制造费用分配率=待分配总额÷生产工人工资总额$$
$$某产品应负担的制造费用=该产品的生产工人实际工资额×制造费用分配率$$

3. 机器工时比例分配法。这一方法适用于生产机械化程度较高的产品，因为这类产品的机器设备使用、维修费用大小与机器运转的时间有密切联系。采用这一方法的前提条件是必须具备各种产品所耗机器工时的完整的原始记录。其计算公式为：

$$制造费用分配率=待分配总额÷产品耗用机器工时总数$$

某产品应负担的制造费用=该产品耗用的机器工时总数×制造费用分配率

财务机器人自动生成记账凭证是指根据材料明细和产品名称自动识别科目和金额，同样建好 Excel 模型并导入 Excel 数据就能自动生成记账凭证。

二、制造费用分配业务处理步骤

【实训任务】

■ 任务描述

厦门铭鸿电子科技有限公司生产 PC 主机和 LED 显示器两种产品，制造费用分配采用生产工时比例法，2019 年 7 月 31 日对两种产品的制造费用进行结转，LED 显示器的制造费用采用倒挤法计算，制造费用分配率保留两位小数，其制造费用科目余额表、工时统计表如图 3-4-1、图 3-4-2 所示。根据 2019 年 7 月份发生的制造费用建立 Excel 数据模型，将 Excel 数据模型上传财务机器人操作云平台自动生成制造费用分配结转记账凭证。（分录合并方式为相同方向合并）

科目编码	科目名称	期初余额		本期发生额		本年累计发生额		期末余额	
		借方	贷方	借方	贷方	借方	贷方	借方	贷方
5001010203	制造费用	2951.11				89679.54	98445.6	2951.11	
5101	制造费用			7479.33		226215.07	218735.74	7479.33	
510101	材料费					2350.2	2350.2		
510102	水电费					54902.0	54902.0		
510103	折旧费					57474.96	57474.96		
510104	人工费			7479.33		53627.91	46148.58	7479.33	
510105	福利费					5000.0	5000.0		
510106	工会经费					6420.0	6420.0		
510107	办公费					1520.0	1520.0		
510108	房租费					43920.0	43920.0		
510109	职工教育经费					1000.0	1000.0		

图 3-4-1　制造费用科目余额表

生产工时统计表

单位：厦门铭鸿电子科技有限公司　　　　　　　　　日期：2019/7/31

产品名称	生产工时
PC主机	2000
LED显示器	1500
合计	3500

图 3-4-2　生产工时统计表

知识点拨

财务机器人处理结转制造费用业务，需要编制摊销分配项目为结转制造费用的 Excel 通用摊销分配表，并将编制好的结转制造费用通用摊销分配表从 Excel 数据建模处进行导入，自动生成记账凭证，然后将通用摊销分配表打印出来作为记账凭证的附件。与会计信息化账务处理时编制的结转制造费用分配表内容要素是一样的，财务机器人在处理结转制造费用业务时只增加了 Excel 数据建模自动生成记账凭证功能。

■ 任务操作

☞ 操作一

Excel 模板填制及上传

▶ 操作指导

步骤 1：在"Excel 数据建模—模板下载"处，下载"通用摊销分配表"模板（见图 3-4-3）。

步骤 2：计算制造费用分配金额。

PC 主机应分配制造费用=生产工时数×分配率=2 000×（7 479.33÷3 500）= 4 273.9（元）

LED 显示器应分配制造费用=制造费用合计数-PC 主机应分配制造费用

=7 479.33-4 273.9=3 205.43（元）

步骤 3：填制表单，下载的通用摊销分配表适用多个摊销分配项目，摊销分配项目选择结转制造费用，则表单会显示该摊销分配项目所适用的格式。其中所属单位、所属账期、摊销分配项目、编制日期、明细项目、待分配金额、分配产品、分配金额为必填项。

通用摊销分配表

所属单位：厦门铭鸿电子科技有限公司　　　　　　　　　摊销分配项目：结转制造费用

所属账期：2019年7月　　　　　　　　　　　　　　　编制日期：2019年7月31日

序号	明细项目	待分配金额	分配标准	分配产品	分配金额
1	材料费		2000.00	PC主机	4273.90
2	水电费		1500.00	LED显示器	3205.43
3	折旧费				
4	人工费	7479.33			
5	福利费				
6	工会经费				
7	办公费				
8	房租费				
9	职工教育经费				
10					
11					
12					
13					
—	合计		3500.00	—	7479.33

制单：赵旭

图 3-4-3　下载并填制"Excel"模板

注：①所属单位：填写对应企业全称，如"厦门铭鸿电子科技有限公司"。

②所属账期：填写对应账务日期，格式如"2019 年 7 月"。

③摊销分配项目：可选项，选择题目需要的摊销分配项目，如结转制造费用。

④编制日期：实务中一般填写账期的最后一天，格式如"2019 年 7 月 31 日"。

⑤明细项目：摊销分配项目选择完成后，明细项目会根据具体的摊销分配项目匹配适用的明细项目，直接选择即可。

⑥待分配金额：各明细项目对应的待分配金额。

⑦合计（待分配金额）：待分配金额合计数。

⑧合计（分配标准）：制造费用分配采用的分配方法，如生产工时比例法，分配标准即为生产总工时。

⑨分配产品：制造费用需要分配的产品，直接选择即可。

⑩分配金额：各产品应分配的金额，分配金额＝待分配金额合计÷分配标准×各产品相应的分配标准。

⑪合计（分配金额）：分配金额合计数。

⑫制单：对应企业的业务会计，即为生成该结转表记账凭证的会计。

> **知识点拨**
>
> 　填表时注意制造费用分配率是否实际保留两位小数、明细项目在表内是否重复选择。

☞ **操作二**

模板配置

（一）凭证头设置

凭证头信息中"记账日期"、"账期"和"制单人"已默认设置为"@编制日期"、"@所属账期"和"@制单"，分别对应 Excel 模板中编制日期、所属账期和制单三个信息。填制模板时需要在相应位置填写，否则无法取到该项信息。"模板名称"可以设置为"结转制造费用"，"文档类型"选择"通用摊销分配表"，"推送方式"选择"自动推送"。设置完成点击下一步即可设置分录（见图3-4-4）。

图 3-4-4　凭证头设置

（二）分录设置

▶ **操作指导**

步骤1：设置摘要，摘要选择"@模板名称"或"@文档类型"。

步骤2：添加会计科目和方向。该案例制造费用结转到 PC 主机和 LED 显示器。因此

其会计分录借方为"生产成本——基本生产成本——PC 主机——制造费用""生产成本——基本生产成本——LED 显示器——制造费用",贷方则选择"制造费用"相关明细科目（见图 3-4-5）。

图 3-4-5　分录设置

步骤 3：设置贷方"制造费用"科目的明细取值坐标。——对应选择制造费用明细科目，设置模板稍显复杂。因此可以对制造费用科目使用坐标取值设置明细科目，减少模板规则的复杂程度。明细设置的原理就是将制造费用的明细科目与 7 月结转制造费用，通过坐标互相匹配。点击明细设置，在取值坐标处输入 Excel 表中材料的坐标位置"B5-B13"。

步骤 4：设置金额取值。"生产成本——基本生产车间——PC 主机——制造费用"科目的金额取值设置为"PC 主机金额"和"合计"；"生产成本——基本生产车间——LED 显示器——制造费用"科目的金额取值设置为"LED 显示器金额"和"合计"。"制造费用"明细科目的金额取值设置为"合计金额"。

（三）合并及排序设置

分录合并方式依照业务要求选择为"相同方向合并"。分录自定义排序可选择性设置"启用"，若分录自定义排序选择"启用"，将排序条件设置为"借贷方"（见图 3-4-6）。

图 3-4-6　合并及排序设置

☞ **操作三**

Excel 数据导入

在"Excel 数据建模—Excel 数据导入"中，选择所下载的 Excel 通用摊销分配表修改名称为"7 月结转制造费用"，选择完成后点击上传（见图 3-4-7 和图 3-4-8）。

序号	文档名称	操作
1	产品成本计算表.xlsx	上下载
2	发料工汇总表.xlsx	上下载
3	计件工汇总表.xlsx	上下载
4	领汇总表.xlsx	上下载
5	制造成计算表.xlsx	上下载
6	通用计算表.xlsx	上下载
7	通用费凭证表.xlsx	上下载

图 3-4-7　Excel 数据导入

	记-119	2019-07-31	结转制造费用	5001010203 生产成本-...	3,205.43		1	赵娟	excel模板	下载	详情 编辑
			结转制造费用	5001010103 生产成本-...	4,273.90						
			结转制造费用	510104 制造费用-人工费		7,479.33					

图 3-4-8　分录设置

Excel 表格上传成功即可生成凭证。若表格数据错误（借贷不平或模板配置错误），会导致凭证生成失败。当凭证未生成时，Excel 数据凭证异常处会显示异常，需要先自行排查原因，解决问题后重新上传表格即可。

制造费用摊销及结转业务生成的凭证如图 3-4-9 所示。

记账凭证

凭证字 记-119-1/1 号　　　　　　　日期：2019-07-31　　　　　　　单位：厦门铭鸿电子科技有限公司　　　　　　　附单据：1张

摘要	会计科目	借方金额	贷方金额
结转制造费用	5001010203 生产成本-基本生产成本-LED显示器-制造费用	3,205.43	
结转制造费用	5001010103 生产成本-基本生产成本-PC主机-制造费用	4,273.90	
结转制造费用	510104 制造费用-人工费		7,479.33
合计：柒仟肆佰柒拾玖元叁角叁分		7,479.33	7,479.33

制单人：赵娟

图 3-4-9　生成记账凭证

📋 云端演练

【实训任务】

厦门铭鸿电子科技有限公司 2019 年 7 月份领用材料业务的处理。

【实训目标】

1. 熟悉制造费用分配结转业务的处理流程及操作步骤；

2. 能熟练完成制造费用分配结转业务的处理模板配置；

3. 能熟练完成 Excel 模板下载，制造费用分配表填制，Excel 上传处理；

4. 能熟练完成制造费用分配结转业务财务机器人自动账务处理。

【任务描述 1】

2019 年 8 月，下载厦门铭鸿电子科技有限公司"通用摊销分配表"（见图 3-4-10）。

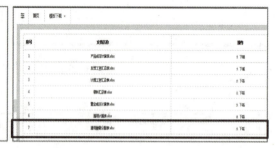

图 3-4-10 原始材料下载

【任务描述 2】

根据厦门铭鸿电子科技有限公司提供的企业背景、业务情景和业务票据相关信息，针对 2019 年 8 月份发生的制造费用分配结转业务，建立 Excel 数据模型，下载厦门铭鸿电子科技有限公司"通用摊销分配表"，填写 Excel 表并在平台上传并自动生成记账凭证。（分录合并方式为不合并）

【考核评价】

考核评价记录表如表 3-4-1 所示。

表 3-4-1 考核评价记录表

过程考核（30%）		结果考核（60%）		增值评价（10%）	
考核内容及分值比重	得分	考核内容及分值比重	得分	考核等级及赋分标准	得分
职业态度（10%）（教师评价）		制造费用摊销分配表下载（15%）		A（10 分）	
课堂表现（10%）（教师评价）		制造费用摊销分配表填制并上传（15%）		B（5 分）	
创新合作（10%）（小组评价）		制造费用分配结转业务 Excel 凭证模板设置（30%）		C（0 分）	
合计		—		—	
自我反馈	收获				
	困惑				

任务5　完工产品成本结转业务处理

◎ 学习目标

- 掌握 Excel 数据建模中完工产品成本等业务的计算；
- 掌握 Excel 数据建模中完工产品成本等业务的表单填制；
- 掌握 Excel 数据建模中完工产品成本等业务凭证的正确生成。

☑ 知识框架

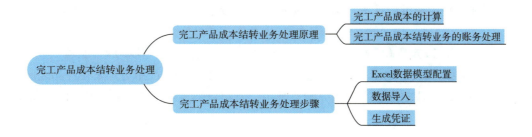

◎ 知识准备

一、完工产品成本结转业务处理原理

（一）完工产品成本的计算

1. 计算原理。完工产品成本，是指产品已全部完工后计入该种产品的生产费用总额。完工产品成本核算包括生产费用在完工产品和在产品之间的分配、完工产品成本的核算和完工产品成本结转的核算。通过各项费用的归集和分配，基本生产车间在生产过程中发生的各项费用，已经集中反映在"生产成本——基本生产成本"科目及其明细账的借方，这些费用都是当月发生的产品的费用，并不是当月完工产成品的成本。要计算出当月产成品成本，还要将当月发生的生产费用，加上月初在产品成本，然后再将其在当月完工产品和月末在产品之间进行分配，以求得当月产成品成本。

2. 计算公式。当月发生的生产费用和月初、月末在产品及当月完工产成品成本四项费用的关系可用下列公式表达：

月初在产品成本+当月发生的生产费用=当月完工产品成本+月末在产品成本

3. 计算方法。完工产品与在产品之间的成本分配方法主要有约当产量比例法、定额成本计价法、定额比例法。

（1）约当产量比例法。约当产量法是将月末的在产品数量，按其完工程度折算成相当

79

于完工产品产量（即约当产量），然后将生产费用按完工产品产量和在产品约当产量之间的比例进行分配，计算完工产品和在产品成本的一种方法。约当产量法适用于产品数量较多，各月在产品数量变化也较大，且生产成本中直接材料成本和直接人工等加工成本的比重相差不大的产品。

约当产量法计算公式为：

$$月末在产品约当产量=月末在产品数量×完工程度$$

$$单位成本=（期初在产品成本+本月发生的生产成本）÷（本月完工产品数量+月末在产品约当产量）$$

$$本月完工产品成本=完工产品数量×单位成本$$

$$月末在产品成本=月末在产品约当产量×单位成本$$

$$月末在产品成本=（期初在产品成本+本月发生的生产成本）-本月完工产品成本$$

（2）定额成本计价法。定额成本计价法是将月末在产品成本按定额成本计算，用该产品的全部成本减去定额成本计算出月末在产品成本，余额作为完工产品成本。定额成本计价法适用于消耗定额准确且各月末在产品数量变化较小的产品。其计算公式为：

$$月末在产品成本=月末在产品数量×在产品单位定额成本$$

$$本月完工产品总成本=月初在产品成本+本月发生的生产成本-月末在产品成本$$

（3）定额比例法。定额比例法是指产品的生产成本在完工产品与月末在产品之间按照两者的定额消耗量或定额成本比例分配。其中，直接材料成本，按直接材料的定额消耗量或定额成本比例分配。直接人工等加工成本，可以按定额成本的比例分配，也可以按定额工时比例分配。该种方法适用于各项定额或者成本定额比较稳定、准确，但各月末在产品数量变动较大的产品。其计算公式为：

$$直接材料成本分配率=（月初在产品实际材料成本+本月投入的实际材料成本）÷$$
$$（完工产品定额材料成本+月末在产品定额材料成本）$$

$$完工产品应负担的直接材料成本=完工产品定额材料成本×直接材料成本分配率$$

$$月末在产品应负担的直接材料成本=月末在产品定额材料成本×直接材料成本分配率$$

$$直接人工成本分配率=（月初在产品实际人工成本+本月投入的实际人工成本）÷$$
$$（完工产品定额工时+月末在产品定额工时）$$

$$完工产品应负担的直接人工成本=完工产品定额工时×直接人工成本分配率$$

$$月末在产品应负担的直接人工成本=月末在产品定额工时×直接人工成本分配率$$

$$制造费用分配率=（月初在产品制造费用+本月实际发生制造费用）÷$$
$$（完工产品定额工时+月末在产品定额工时）$$

$$完工产品应负担的制造费用=完工产品定额工时×制造费用分配率$$

$$月末在产品应负担的制造费用=月末在产品定额工时×制造费用分配率$$

（二）完工产品成本结转业务的账务处理

完工产品经产成品仓库验收入库以后，其成本应从"基本生产成本"科目和各种产品成本明细账的贷方转入各有关科目的借方，其中：完工入库产成品的成本，应转入"库存商品"科目。"基本生产成本"总账科目的月末余额，就是基本生产在产品的成本，也就是基本生产过程中占用的生产资金，应与所属各种产品成本明细账中月末在产品成本之和核对相符。完工产品入库的账务处理如下：

借：库存商品——某产品

　　贷：生产成本——基本生产成本——直接材料

　　　　生产成本——基本生产成本——直接人工

　　　　生产成本——基本生产成本——制造费用

二、完工产品成本结转业务处理步骤

【实训任务】

完工产品成本结转业务的处理

■ 任务描述

厦门铭鸿电子科技有限公司为增值税一般纳税人，生产 PC 主机和 LED 显示器两种产品。已知该公司成本计算采用品种法，完工产品与在产品之间的成本分配采用约当产量比例法，分配率保留两位小数。根据 2019 年 7 月份该公司的科目余额表、约当产量计算表（见图 3-5-1 和图 3-5-2）计算完工产品成本和月末在产品成本。

生产工时统计表

单位：厦门铭鸿电子科技有限公司　　　　日期：2019/8/31

产品名称	生产工时
PC主机	1920
LED显示器	1450
合计	3370

图 3-5-1　生产工时统计表

科目编码	科目名称	期初余额		本期发生额		本年累计发生额		期末余额	
		借方	贷方	借方	贷方	借方	贷方	借方	贷方
5001	生产成本	254336.08		1493461.09		1.063006489E7	9128543.58	1747797.17	
500101	基本生产成本	254336.08		1493461.09		1.063006489E7	9128543.58	1747797.17	
50010101	PC主机	183914.05		1082274.54		7676218.8	6598832.88	1266188.59	
5001010101	直接材料	154829.27		1048903.99		7342265.35	6161416.08	1203733.26	
5001010102	直接人工	21188.45		29096.65		210039.55	283650.48	50285.1	
5001010103	制造费用	7896.33		4273.9		123913.9	153766.32	12170.23	
50010102	LED显示器	70422.03		411186.55		2953846.09	2529710.7	481608.58	
5001010201	直接材料	60012.41		385263.8		2696849.48	2260618.8	445276.21	
5001010202	直接人工	7458.51		22717.32		164111.64	170646.3	30175.83	
5001010203	制造费用	2951.11		3205.43		92884.97	98445.6	6156.54	

图 3-5-2　科目余额表

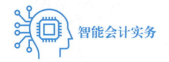

任务操作

操作一

Excel 模板填制及上传

操作指导

步骤 1：在“Excel 数据建模—模板下载”处，下载“产品成本计算表”模板，在信息中心下载原始凭证“完工入库单”（见图 3-5-3）和“约当产量计算表”（见图 3-5-4），并填写产品成本计算表（见图 3-5-5）。

铭鸿　入库单　№：65253209

交货单位：基本生产车间　仓库：成品仓　日期：2019年07月06日

物资类别	品名	单位	规格	数量	单价	金额
产成品	PC主机	台		202		
产成品	LED显示器	台		200		

第二联

铭鸿　入库单　№：65253215

交货单位：基本生产车间　仓库：成品仓　日期：2019年07月12日

物资类别	品名	单位	规格	数量	单价	金额
产成品	PC主机	台		180		

第二

铭鸿　入库单　№：65253217

交货单位：基本生产车间　仓库：成品仓　日期：2019年07月18日

物资类别	品名	单位	规格	数量	单价	金额
产成品	PC主机	台		175		
产成品	LED显示器	台		176		

第一联

铭鸿　入库单　№：65253218

交货单位：基本生产车间　仓库：成品仓　日期：2019年07月25日

物资类别	品名	单位	规格	数量	单价	金额
产成品	PC主机	台		47		
产成品	LED显示器	台		49		
合计大写　仟　佰　拾　万　仟　佰　拾　元　角　分　¥						

第二联　记账联

记账：赵旭　保管：徐洪洋　制票：徐洪洋

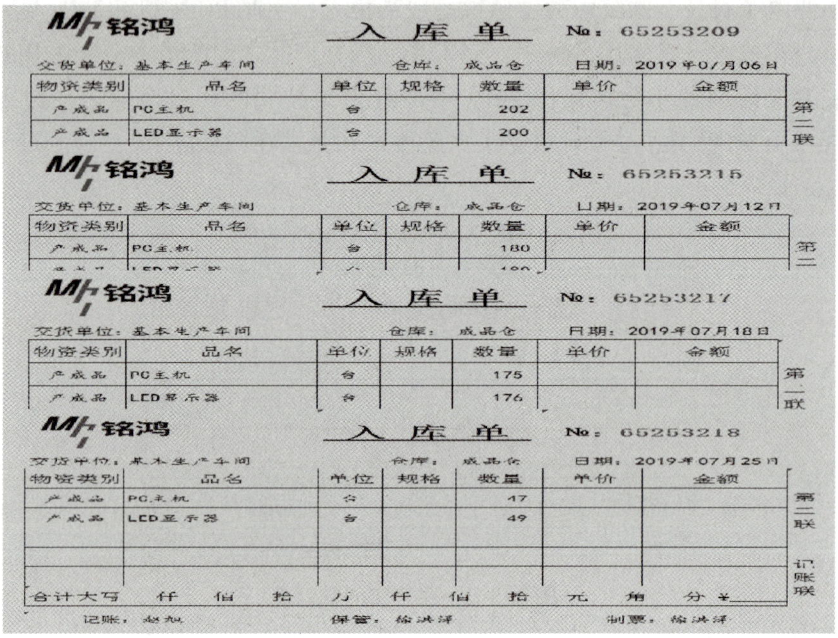

图 3-5-3　产成品入库单

约当产量计算表

单位：厦门铭鸿电子科技有限公司　日期：2019年7月31日

产品名称	项目	直接材料	直接人工	制造费用
PC主机	完工产品数量	604	604	604
	在产品约当量	104	52	52
	约当产量	708	656	656
LED显示器	完工产品数量	605	605	605
	在产品约当量	110	55	55
	约当产量	715	660	660

图 3-5-4　约当产量计算表

产品成本计算表

成本项目	月初在产品费用	本月耗费	成本合计	约当产量	完工数量	完工产品总成本	完工产品单位成本	月末在产品成本
直接材料					—			
直接人工					—			
制造费用					—			
					—			
					—			
合计	0.00	0.00	0.00	0.00	0.00	0.00	0.00	0.00

所属账期：　　　　　　　　　产品：　　　　　　　　编制日期：

制单：

图 3-5-5　产品成本计算表

步骤 2：计算完工产品成本和月末在产品成本。（以 PC 主机为例）

（1）计算分配率：

分配率 =（月初在产品成本 + 当月发生生产费用）÷ 约当产量

直接材料分配率 =（154 829.27+1 048 903.99）÷708=1 700.19

直接人工分配率 =（21 188.45+29 096.65）÷656=76.65

制造费用分配率 =（7 896.33+4 273.90）÷656=18.55

（2）计算完工产品总成本：

完工产品成本 = 完工产品数量 × 分配率

直接材料完工产品总成本 == 1 700.19×604=1 026 914.76（元）

直接人工完工产品总成本 =76.65×604=46 296.60（元）

制造费用完工产品总成本 =18.55×604=11 204.20（元）

完工产品总成本 = 直接材料完工产品总成本 + 直接人工完工产品总成本 +

制造费用完工产品 =1 026 914.76+46 296.6+11 204.2=1 084 415.56（元）

（3）计算月末在产品成本：

月末在产品成本 = 月初在产品成本 + 当月发生生产费用 - 当月完工产品成本

直接材料月末在产品成本 =1 203 733.26-1 026 914.76=176 818.50（元）

直接人工月末在产品成本 =50 285.10-46 296.60=3 988.50（元）

制造费用月末在产品成本 =12 170.23-11 204.20=966.03（元）

月末在产品成本 = 直接材料月末在产品成本 + 直接人工月末在产品成本 +

制造费用月末在产品成本 =176 818.50+3 988.50+966.03=181 773.03（元）

步骤 3：填制表单，其中所属账期、编制日期、产品、成本项目、完工产品总成本、合计（完工产品总成本）为必填项（见图 3-5-6 和图 3-5-7）。

产品成本计算表

所属账期：2019年7月　　　　　产品：PC主机　　　　编制日期：2019年7月31日

成本项目	月初在产品费用	本月耗费	成本合计	约当产量	完工数量	完工产品总成本	完工产品单位成本	月末在产品成本
直接材料	154829.27	1048903.99	1203733.26	703.00	—	1026914.76	1700.19	176818.50
直接人工	21188.45	29096.65	50285.10	656.00	—	46296.60	76.65	3988.50
制造费用	7896.33	4273.90	12170.23	656.00	—	11204.20	18.55	966.03
					—			
					—			
合计	183914.05	1082274.54	1266188.59	2015.00	0.00	1084415.56	1795.39	181773.03

制单：赵旭

图 3-5-6　PC 主机成本计算表

产品成本计算表

所属账期：2019年7月　　　　　　　　　　产品：LED显示器　　　　　　　　　　编制日期：2019年7月31日

成本项目	月初在产品费用	本月耗费	成本合计	约当产量	完工数量	完工产品总成本	完工产品单位成本	月末在产品成本
直接材料	60012.41	385263.80	445276.21	715.00	605	376769.80	622.76	68506.41
直接人工	7458.51	22717.32	30175.83	660.00	605	27660.60	45.72	2515.23
制造费用	2951.11	3205.43	6156.54	660.00	605	5644.65	9.33	511.89
						——		
						——		
合计	70422.03	411186.55	481608.58	2035.00	605.00	410075.05	677.81	71533.53

制单：赵旭

图 3-5-7　LED 显示器成本计算表

注：①所属单位：填写对应企业全称，如"厦门铭鸿电子科技有限公司"。

②所属账期：填写对应账务日期，格式如"2019 年 7 月"。

③产品：可选项，根据企业生产的产品选择。

④完工数量：生产相应产品本期完工产品数量。

⑤月初在产品费用：相应产品月初在产品成本，即生产成本科目下对应产品期初余额。

⑥本月耗用：相应产品当月发生生产费用，即生产成本科目下对应产品本期借方发生额。

⑦成本合计：月初在产品成本+当月发生生产费用，即⑤月初在产品费用+⑥本月耗用生产费用。

⑧约当产量：本月生产的产品对应成本项目的约当数量。

⑨完工产品总成本：本月完工产品总成本，即分配率×完工产品数量。

⑩完工产品单位成本：⑨完工产品总成本÷④完工数量。

⑪月末在产品：⑦成本合计-⑨完工产品总成本。

⑫合计：⑤至⑪各项合计数。

⑬制单：对应企业的业务会计，即为生成该结转表记账凭证的会计。

知识点拨

计算时注意尾数调整。

☞ **操作二**

模板配置

（一）凭证头设置

凭证头信息中"记账日期"、"账期"和"制单人"已默认设置为"@编制日期"、"@所属账期"和"@制单"，分别对应 Excel 模板中编制日期、所属账期和制单三个信息。填制模板时需要在相应位置填写，否则无法取得该项信息。"模板名称"可以设置为

"结转××完工产品成本","文档类型"选择"产品成本计算表","推送方式"选择"自动推送"。设置完成点击下一步即可设置分录(见图3-5-8和图3-5-9)。

图 3-5-8 结转 PC 主机成本凭证头设置　　　图 3-5-9 结转 LED 显示器成本凭证头设置

(二)分录设置

▶ **操作指导**

步骤1:设置摘要,摘要选择"@模板名称"或"@文档类型"。

步骤2:添加会计科目和方向。该案例完工产品成本结转两个项目,即 PC 主机和 LED 显示器两种产品。因此 PC 主机完工产品结转成本会计分录借方为"库存商品——PC 主机",贷方为"生产成本——基本生产成本——PC 主机——直接材料"、"生产成本——基本生产成本 PC 主机——直接人工"和"生产成本——基本生产成本——PC 主机——制造费用";LED 显示器完工产品结转成本会计分录借方为"库存商品——LED 显示器",贷方为"生产成本——基本生产成本——LED 显示器——直接材料"、"生产成本——基本生产成本——LED 显示器——直接人工"和"生产成本——基本生产成本——LED 显示器——制造费用"(见图3-5-10和图3-5-11)。

图 3-5-10 PC 主机凭证模板设置

图 3-5-11 LED 显示器凭证模板设置

步骤3：设置金额取值。"生产成本——基本生产车间——PC 主机——直接材料"科目的金额取值设置为"PC 主机金额"和"合计"；"生产成本——基本生产车间——LED 显示器——直接材料"科目的金额取值设置为"LED 显示器金额"和"合计"。

（三）合并及排序设置

分录合并方式依照业务要求选择为"相同方向合并"。分录自定义排序可选择性设置"启用"，若分录自定义排序选择"启用"，将排序条件设置为"借贷方"（见图 3-5-12）。

图 3-5-12　合并及排序设置

☞ **操作三**

Excel 数据导入

在"Excel 数据建模—Excel 数据导入"中，选择所下载的产品计算单，将填制完成的文件重命名或另存为"7 月 PC 主机产品成本计算表"和"7 月 LED 显示器产品成本计算表"（见图 3-5-13），点击上传即可生成凭证。表格数据错误（借贷不平或模板配置错误），会导致凭证生成失败。当凭证未生成时，Excel 数据凭证异常处会显示异常，需要先自行排查原因，解决问题后重新上传表格即可。

图 3-5-13　Excel 数据导入

完工产品成本结转业务生成的凭证如图 3-5-14、图 3-5-15 所示。

2019年第07期　删除　推送

	账期	凭证号	凭证日期	摘要	会计科目	借方金额	贷方金额	附件	制单人	文件	凭证合并
	2019-07	记-3	2019-07-31	结转PC主机完工产品成本	140501 库存商品-PC主机	1084415.56		1	赵旭	下载	不合并
				结转PC主机完工产品成本	5001010102 生产成本-基...		46296.6				
				结转PC主机完工产品成本	5001010103 生产成本-基...		11204.2				
				结转PC主机完工产品成本	5001010101 生产成本-基...		1026914.76				
	2019-07	记-4	2019-07-31	结转LED显示器完工产品成本	140502 库存商品-LED显示器	410075.05		1	赵旭	下载	不合并
				结转LED显示器完工产品成本	5001010201 生产成本-基...		376769.8				
				结转LED显示器完工产品成本	5001010202 生产成本-基...		27660.6				
				结转LED显示器完工产品成本	5001010203 生产成本-基...		5644.65				

图 3-5-14　生成凭证模板

记账凭证

凭证字 记 3 号　　日期：2019-07-31　　附单据：1张

摘要	会计科目	借方金额	贷方金额
结转PC主机完工产品成本	140501 库存商品-PC主机	1,084,415.56	
结转PC主机完工产品成本	5001010102 生产成本-基本生产成本-PC主机-直接人工		46,296.60
结转PC主机完工产品成本	5001010103 生产成本-基本生产成本-PC主机-制造费用		11,204.20
结转PC主机完工产品成本	5001010101 生产成本-基本生产成本-PC主机-直接材料		1,026,914.76
合计：壹佰零捌万肆仟肆佰壹拾伍元伍角陆分		1,084,415.56	1,084,415.56

制单人：赵旭

（a）

记账凭证

凭证字 记 4 号　　日期：2019-07-31　　附单据：1张

摘要	会计科目	借方金额	贷方金额
结转LED显示器完工产品成本	140502 库存商品-LED显示器	410,075.05	
结转LED显示器完工产品成本	5001010201 生产成本-基本生产成本-LED显示器-直接材料		376,769.80
结转LED显示器完工产品成本	5001010202 生产成本-基本生产成本-LED显示器-直接人工		27,660.60
结转LED显示器完工产品成本	5001010203 生产成本-基本生产成本-LED显示器-制造费用		5,644.65
合计：肆拾壹万零柒拾伍元零伍分		410,075.05	410,075.05

制单人：赵旭

（b）

图 3-5-15　生成记账凭证

云端演练

【实训任务】

厦门铭鸿电子科技有限公司 2019 年 8 月结转完工产品成本业务的处理。

【实训目标】

1. 熟悉完工产品结转业务的处理流程及操作步骤；
2. 能熟练完成完工产品成本结转业务的处理模板配置；
3. 能熟练完成 Excel 模板下载、完工产品成本计算表填制、Excel 上传处理；
4. 能熟练完成完工产品成本结转业务财务机器人自动账务处理。

【任务描述 1】

下载厦门铭鸿电子科技有限公司产品成本计算表（见图 3-5-16）。

数据下载：

（1）7 月领料单：点击进入
（2）8 月领料单：点击进入
（3）9 月领料单：点击进入
（4）工时统计表：点击进入
（5）完工入库单：点击进入
（6）约当产量计算表：点击进入
（7）工资社保明细表：点击进入
（8）固定资产明细表：点击进入
（9）材料数量明细表：点击进入
（10）产品进销存明细表：点击进入

图 3-5-16　原始材料下载

【任务描述 2】

2019 年 8 月 31 日，厦门铭鸿电子科技有限公司对 PC 主机、LED 显示器两种完工产品的成本进行计算，企业成本核算采用品种法，完工产品与在产品分配采用约当产量比例法，分配率保留两位小数。下载 Excel 导入数据，建立 Excel 数据模型，并上传自动生成记账凭证。（分录合并方式为不合并）

【考核评价】

考核评价记录表如表 3-5-1 所示。

表 3-5-1　考核评价记录表

过程考核（30%）		结果考核（60%）		增值评价（10%）	
考核内容及分值比重	得分	考核内容及分值比重	得分	考核等级及赋分标准	得分
职业态度（10%）（教师评价）		完工产品成本计算表下载（15%）		A（10 分）	
课堂表现（10%）（教师评价）		完工产品成本计算表填制并上传（15%）		B（5 分）	
创新合作（10%）（小组评价）		完工产品成本结转业务 Excel 凭证模板设置（30%）		C（0 分）	
合计		—		—	
自我反馈	收获				
	困惑				

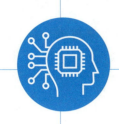

项目四　财务机器人销售业务处理

任务1　销售业务处理原理认知

🎯 学习目标

- 掌握财务机器人销售业务的相关概念；
- 理解财务机器人销售业务处理的注意事项；
- 掌握财务机器人销售商品的业务处理原理；
- 掌握财务机器人提供服务的业务处理原理；
- 了解销售业务会计信息化手工核算与财务机器人自动核算的区别。

☑ 知识框架

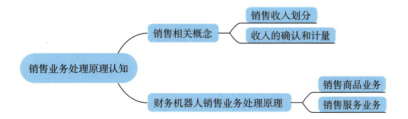

📋 知识准备

一、销售相关概念

（一）销售收入划分

销售收入按企业从事日常活动的性质不同，分为销售商品收入、提供劳务收入和让渡资产使用权收入；按企业经营业务的主次不同分为主营业务收入和其他业务收入。

（二）收入的确认和计量

1. 收入确认的原则。企业应当在履行了合同中的履约义务，即在客户取得相关商品

控制权时确认收入。

2. 收入确认的前提条件。企业与客户之间的合同同时满足下列五项条件的，企业应当在客户取得相关商品控制权时确认收入：

（1）合同各方已批准该合同并承诺将履行各自义务；

（2）该合同明确了合同各方与所转让商品相关的权利和义务；

（3）该合同有明确的与所转让商品相关的支付条款；

（4）该合同具有商业实质，即履行该合同将改变企业未来现金流量的风险、时间分布或金额；

（5）企业因向客户转让商品而有权取得的对价很可能收回。

二、财务机器人销售业务处理原理

（一）销售商品业务

销售商品相关的单据主要包括增值税专用发票、增值税普通发票、银行付款回单等。会计信息化销售业务的账务处理是根据取得销售相关的单据，通过职业判断对业务逐笔处理。财务机器人通常把销售按单据分解成财务机器人能理解的记账方式，即识别一张单据、做一笔凭证，最终通过合并分录或分录相互抵销来达到自动账务处理的目的。销售商品业务一般采用"应收账款"的客户辅助核算，待收到银行收款回单时冲抵"应收账款"。

例如：厦门铭鸿电子科技有限公司销售主机，开具增值税专用发票，单据如图 4-1-1 所示。

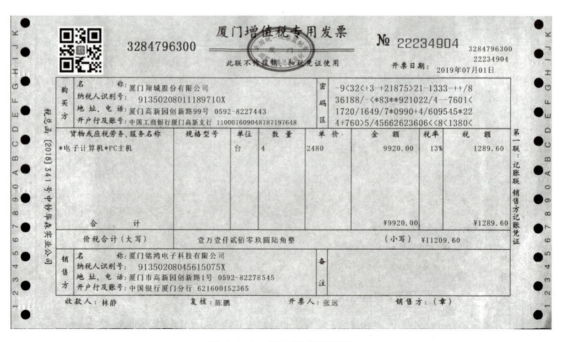

图 4-1-1　增值税专用发票

1. 会计信息化人工录入记账凭证，见表4-1-1。

表4-1-1　人工录入记账凭证

借贷	科目	借方金额	贷方金额
借	应收账款——厦门翔城股份有限公司	11 209.60	
贷	主营业务收入——PC主机		9 920
贷	应交税费——应交增值税——销项税额		1 289.60

2. 财务机器人自动生成记账凭证，见表4-1-2。

表4-1-2　自动生成记账凭证

借贷	科目	科目识别原理	金额识别原理
借	应收账款	按购买方名称自动识别辅助核算	按含税金额自动识别
贷	主营业务收入	按存货明细自动识别明细科目	按存货明细金额自动识别
贷	应交税费——应交增值税——销项税额		按存货税额自动识别

（二）销售服务业务

提供销售服务业务相关的单据主要包括增值税专用发票、银行收款回单等。采用会计信息化人工录入凭证的销售服务业务是通过职业判断来逐笔进行业务处理的。财务机器人通常把提供服务的单据分解成财务机器人能理解的记账方式，识别一张票据做一笔凭证，最终通过合并分录或分录之间相互抵销来达到自动账务处理的目的，销售服务业务财务机器人工作原理同销售商品。

例如：江苏旺丰物流有限公司提供仓储租赁服务，取得增值税专用发票、银行收款回单，单据如图4-1-2和图4-1-3所示。

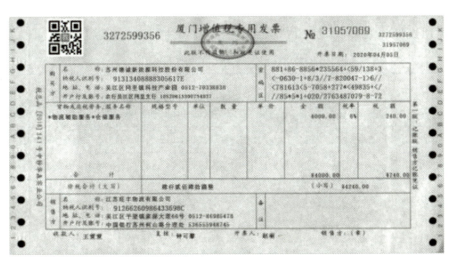

图4-1-2　增值税专用发票

图 4-1-3　银行回单

1. 会计信息化人工录入记账凭证（见表 4-1-3）：

表 4-1-3　人工录入记账凭证

借贷	科目	借方金额	贷方金额
借	银行存款——中国银行 536555948745	4 240	
贷	其他业务收入——仓储服务		4 000
贷	应交税费——应交增值税——销项税额		240

2. 财务机器人自动生成记账凭证（见表 4-1-4）：

表 4-1-4　自动生成记账凭证

借贷	科目	科目识别原理	金额识别原理
借	应收账款	按购买方名称自动识别辅助核算	按含税金额自动识别
贷	其他业务收入	按发票明细自动识别明细科目	按发票明细金额自动识别
贷	应交税费——应交增值税——销项税额		按发票税额自动识别

任务 2　销售货物业务处理

学习目标

- 理解销售货物业务账务处理及票据识别原理；
- 掌握业务票据建模中销售货物的业务票据建模设置。

知识框架

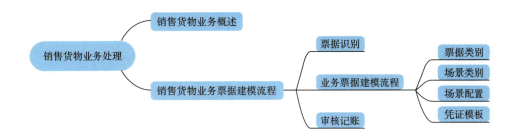

知识准备

一、销售货物业务概述

企业销售的货物主要是自产或者外购的商品、原材料等有形资产。一般销售货物业务在核算收入时，计入"主营业务收入""其他业务收入"等科目中。"主营业务收入"科目核算的是企业销售商品等主营业务的收入，而"其他业务收入"科目核算的则是除主营业务之外的其他经营活动的收入，如销售材料、出租包装物等。科目的选择要结合企业经营范围、经营性质具体判断。

二、销售货物业务票据建模流程

【实训任务】

■ 任务描述

2019 年 7 月 17 日，厦门铭鸿电子科技有限公司向江苏煌石科技有限公司销售电脑 30 台，开具增值税专用发票 1 张（见图 4-2-1）。根据厦门铭鸿电子科技有限公司提供的企业背景、业务情景和业务票据相关信息，在财务机器人云平台上建立相关业务模板并自动生成记账凭证。（账期为 2019 年 7 月，凭证合并方式为批次合并，分录合并方式为完全合并）

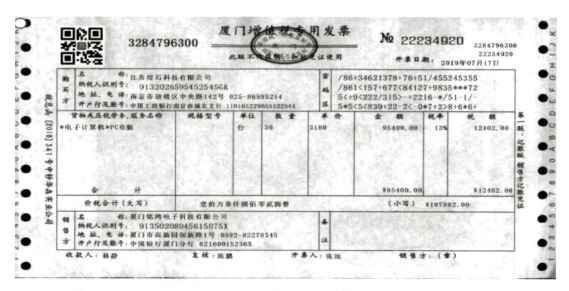

图 4-2-1　增值税专用发票

■ **任务操作**

财务机器人是基于人工预设的策略规则，在数据和配置正常情况下无须人工参与，形成相应业务的账务处理。对业务规则进行配置的流程依次为：票据类别、场景类别、场景配置、凭证模板、科目匹配，若无设置科目匹配的必要，则到凭证模板即建模完成（见图 4-2-2）。

图 4-2-2　业务票据建模流程

☞ **操作一**

扫描上传票据并识别

在进行建模设置之前首先需要导入单据数据，查看单据信息。在建模之前对单据进行识别，可以查看票据所识别的栏位基本信息，这些信息便是后续建模设置中可选择使用的"筛选项"，单据识别在业务票据建模之前或者之后都可以进行，但审核记账只有在业务票据建模设置完成后才能进行，审核记账后生成凭证（见图 4-2-3）。

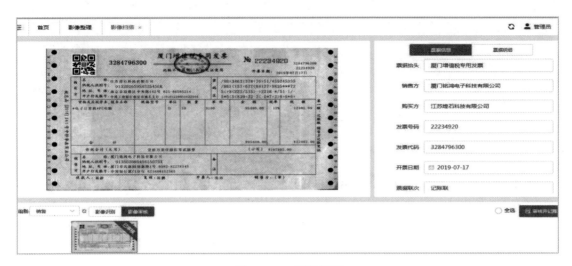

图 4-2-3 票据识别

☞ **操作二**

销售货物业务票据类别设置

票据类别设置是在票据进行简单分类的基础上，进行信息的匹配设置，其设置具体如图 4-2-4 所示。

| 票据类别 | 新增大类 | 新增细类 | 选择票种 | 设置筛选条件 | 设置完成 |

图 4-2-4 票据类别设置流程

根据业务情景和业务票据栏可知，开具的是增值税专用发票。按照要求设置销售专票和销售普票的票据类别规则。财务机器人业务票据建模会预置一些单据的筛选项，通过设置筛选条件与单据票面要素进行关联，达成识别匹配目的。票据类别重要的是对筛选条件的设置，也就是通过筛选项、符号和值三项设置与票面上的要素进行关联，以此达成识别匹配的目的。

▶ **操作指导**

步骤 1：在"业务票据建模—票据类别"中，点击"新增大类"，将主类别设置为"销售票据"。

步骤 2：在"销售票据"的大类下新增细类，细类名称设置为"销售专票"并选择相应的票种。

步骤 3：添加筛选条件，销售专票的筛选项为"@销售方"和"@票据联次"，操作

符为"等于"，匹配值分别设置为"厦门铭鸿电子科技有限公司"和"记账联"。点击"保存"按钮，销售专票即设置完成（见图4-2-5）。

图 4-2-5　票据类别设置

☞ **操作三**

销售货物业务场景类别设置

场景类别主要是把设置好的票据类别按照企业的业务场景进行设置。场景类别设置流程如图4-2-6所示。

图 4-2-6　场景类别设置流程

▶ **操作指导**

步骤1：进入"业务票据建模—场景类别"，点击"新增大类"，大类设置为"销售场景"。

步骤2：在"销售场景"下，新增细类"销售商品"。然后在"选择票种"处，选择"销售专票⇒增值税专用发票"（见图4-2-7）。

图 4-2-7　场景类别设置

☞ **操作四**

场景配置设置

场景配置就是对场景类别和票据类别内容的再度组合，方便后续进行凭证模板设置。销售产品业务场景配置设置流程如图 4-2-8 所示。

图 4-2-8　场景配置设置流程

▶ **操作指导**

步骤 1：进入"业务票据建模—场景配置"，点击"新增主场景"，主场景名称设为"销售业务"。

步骤 2：在该主场景下，点击"新增场景"，输入场景名称"销售商品"。

步骤 3：点击添加按钮新增项目，在"场景类别"项目中选择"销售场景⇨销售商品"。"票据类别"中选择"销售专票"。"组合名称"处可不填写，由于销售商品不管开具的是销售专票还是销售普票，其分录都是一样的，因此将二者都归为主分录（见图 4-2-9）。

图 4-2-9　场景配置设置

☞ **操作五**

凭证模板设置

凭证模板设置是对归集而成的票据进行凭证模板信息设置。凭证模板具体设置流程如图 4-2-10 所示。

图 4-2-10　凭证模板设置流程

（一）凭证头设置

在"业务票据建模—凭证模板设置"界面，选择"销售业务—销售商品"会计场景，点击"新增模板"，设置模板名称为"销售商品"（见图 4-2-11）。

图 4-2-11　凭证头设置

会计业务场景：销售商品。记账日期：@开票日期。制单人：赵旭。模板名称：销售商品。凭证字：记账凭证。推送方式：自动推送。

（二）分录设置

分录设置是针对该笔业务进行分录内容的设置，是凭证模板设置四个流程中最重要的部分。

▶ **操作指导**

步骤1：设置摘要。将销售商品的主分录摘要设置为"销售商品"。

步骤2：选择科目来源、会计科目和借贷方向。科目来源为"科目"，销售货物的借方科目为"应收账款"，贷方科目为"主营业务收入"和"应交税费——应交增值税——销项税额"。再选择科目匹配类型，"主营业务收入"科目需要选择科目匹配类型为"明细"。

步骤3：添加金额取值公式。"应收账款"科目设置金额取值公式为"@含税金额"，"主营业务收入"科目为"@金额"，"应交税费——应交增值税——销项项税额"科目为"@税额"（见图4-2-12）。

图4-2-12 销售商品分录设置

（三）辅助核算设置

销售商品需要进行客户辅助核算和明细辅助核算。辅助核算客户的固定栏位设置为"@购买方"，操作符为"等于"。由于分录设置处"主营业务收入"科目选择科目匹配类型为"明细"，所以会自动根据票面明细去匹配会计科目。明细辅助核算栏位的"@项目【明细】"为默认设置，可以根据业务需要修改其操作符（见图4-2-13）。

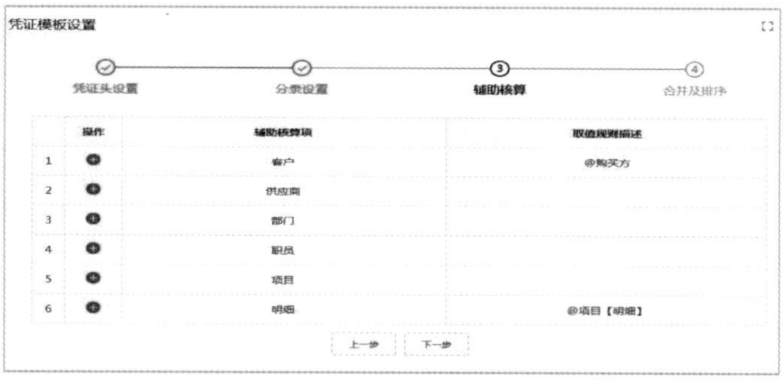

图4-2-13 销售商品辅助核算设置

（四）合并及排序设置

凭证合并方式设置为"不合并"，分录合并方式为"不合并"。分录自定义排序选择"启用"，将排序条件设置为"借贷方"（见图4-2-14）。

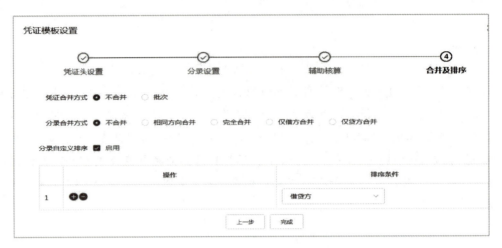

图4-2-14　合并及排序设置

（五）生成凭证

经过票据类别、场景类别、场景配置和凭证模板四个流程的设置，对单据进行识别、审核记账后即可生成凭证。在"影像管理——影像识别"中先选择需要识别的单据，点击识别，选择相应的账期，即可识别单据上的明细内容。识别完成后，核对识别结果，若识别结果无误，则点击单据审核，审核完成后，即可生成相应的凭证（见图4-2-15）。

记账凭证

凭证字 记-17-1/1 号　　　　　日期：　　　　　单位：厦门铭鸿电子科技有限公司　　　　　附单据：1张

摘要	会计科目	借方金额	贷方金额
销售商品	1122 应收账款	11,209.60	
销售商品	22210102 应交税费·应交增值税·销项税额		1,289.60
销售商品	600101 主营业务收入-PC主机		9,920.00
合计：壹万壹仟贰佰零玖元陆角		11,209.60	11,209.60

制单人：赵姐

图4-2-15　生成记账凭证

🔖 **云端演练**

【实训任务】

销售商品业务的处理。

【实训目标】

1. 熟悉销售商品业务的处理流程及操作步骤；
2. 能熟练完成销售商品业务票据类别、场景类别和场景配置设置；
3. 能熟练完成销售商品业务的凭证模板设置；
4. 能熟练完成销售商品业务财务机器人自动账务处理。

【任务描述】

2019 年 7 月 28 日，厦门铭鸿电子科技有限公司向江西庄胜崇光百货有限公司销售一批 PC 电脑，取得增值税专用发票 1 张（见图 4-2-16）。请根据上述原始凭证，通过财务机器人云平台完成上述销售商品业务的处理。

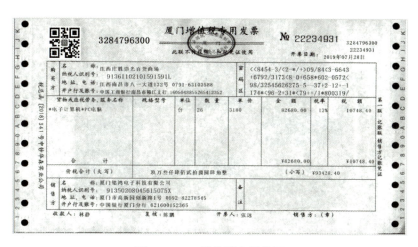

图 4-2-16 增值税专用发票

【考核评价】

考核评价记录表如表 4-2-1 所示。

表 4-2-1 考核评价记录表

过程考核（30%）		结果考核（60%）		增值评价（10%）	
考核内容及分值比重	得分	考核内容及分值比重	得分	考核等级及赋分标准	得分
职业态度（10%）（教师评价）		销售商品业务的票据类别设置（15%）		A（10 分）	
课堂表现（10%）（教师评价）		销售商品业务的场景类别和场景配置设置（15%）		B（5 分）	
创新合作（10%）（小组评价）		销售商品业务的凭证模板设置（30%）		C（0 分）	
合计		—		—	
自我反馈	收获：				
	困惑：				

<h1 style="text-align:center">任务 3　收款业务处理</h1>

🎯 学习目标

- 理解收款收据的分类以及收款收据的票据信息；
- 掌握业务票据建模中收款收据业务的票据类别设置；
- 掌握业务票据建模中收款收据业务的场景类别设置；
- 掌握业务票据建模中收款收据业务的场景配置设置；
- 掌握业务票据建模中收款收据业务的凭证模板设置。

✅ 知识框架

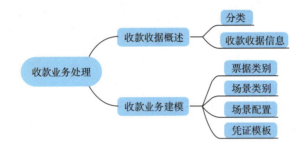

📖 知识准备

一、收款收据概述

（一）分类

收款收据是企事业单位在经济活动中使用的原始凭证，可分为内部收据和外部收据。企业为了内部成本核算的需要而自行印制或购买的收款收据就是内部收据。企业的内部收据可以在内部成本核算过程中使用并以此入账，如职工借款归还、材料内部调拨、保证金收讫等，但内部收据不能对外使用，否则不能入账，其作用相当于"白条"。所以一些地方的法规规定这些内部收据应当在收据的抬头下面注明"仅限内部使用，对外使用无效"的字样。

外部收据根据监制单位可以分为财政部门监制、部队监制和税务部门监制三种。财政部门监制的收据一般是非生产经营的行政事业性收费的收据，这种收据往往是联合当地物价部门制定的，具有合法性，可以入账，如法院的诉讼费收据。

有时候同种类的单位会因为所有制的不同而在收款凭证上有所区别，如公立医疗机构因其非营利的性质而开具财政部门监制的收据，而私立的营利性医疗机构则必须开具税务部门监制的发票。部队监制的收据是与部队发生非生产经营性款项往来时由部队开具的收据，该收据项下的款项是不涉及税务的，可以依法入账。这里我们主要以企业内部收款收据为例进行讲解。

（二）收款收据信息

内部通用的收款收据一般分为三联，包含存根联、客户联以及会计联。

收款收据上的票面信息如图4-3-1所示，一般包括票据号码、日期、客户名称、收款项目、数量、单价、金额、收款单位（盖章）、收款人等。

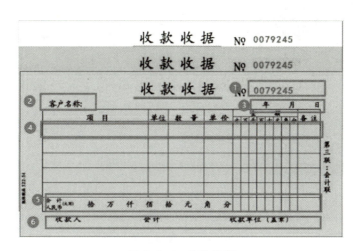

图 4-3-1　收款收据

收款收据的票面信息主要包括：

1. 票据号码：票据号码是收款收据的独特标识，一般来讲同一本收款收据的票据号码应是连号的。

2. 客户名称：填写收款人或收款的单位的名称。

3. 日期：通常为经济业务发生的日期。

4. 经济业务内容：收款收据对经济业务内容的反映，主要通过项目、数量、单价和金额等完整反映经济活动，也是会计记录的要求所在。

5. 金额（含大小写）：收款收据上的金额分为大小写，小写金额用阿拉伯数字书写，前面要加人民币符号，大写金额的书写要严格按照票据书写的规定。

6. 经办人员的签名和盖章：这是明确具体经济责任所必需的，也是日后核查的依据。收款单位盖章一般是盖财务专用章和现金收讫章。

二、收款业务建模

【实训任务】

■ **任务描述**

2019年7月3日，厦门铭鸿电子科技有限公司收到开户行收款单1张（见图4-3-2）。根据厦门铭鸿电子科技有限公司提供的企业背景、业务情景和业务票据相关信息，在财务

机器人云平台上建立相关业务模板并自动生成记账凭证。（账期为 2019 年 7 月，凭证合并方式为批次合并，分录合并方式为完全合并）

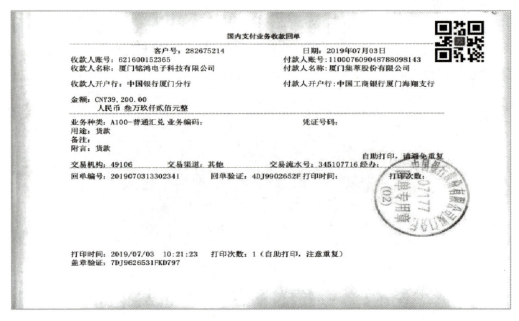

图 4-3-2　收款回单

■ **任务操作**

财务机器人是基于人工预设的策略规则，在数据和配置正常情况下无须人工参与，形成相应业务的账务处理。对业务规则进行配置的流程依次为：票据类别、场景类别、场景配置、凭证模板、科目匹配，若无设置科目匹配的必要，则到凭证模板即建模完成（见图 4-3-3）。

图 4-3-3　业务票据建模流程

☞ **操作一**

扫描上传票据并识别

在进行建模设置之前首先需要导入单据数据，查看单据信息。在建模之前对单据进行识别，可以查看票据所识别的栏位基本信息，这些信息便是后续建模设置中可选择使用的"筛选项"，单据识别在业务票据建模之前或者之后都可以进行，但审核记账只有在业务票据建模设置完成后才能进行，审核记账后生成凭证（见图 4-3-4）。

图 4-3-4 业务票据识别

☞ **操作二**

收款业务票据类别设置

票据类别设置是在票据进行简单分类的基础上，进行信息的匹配设置，其设置具体如图 4-3-5 所示。

图 4-3-5 票据类别设置流程

▶ **操作指导**

步骤 1：根据业务票据中的单据信息，进入"业务票据建模—票据类别"界面开始设置。点击"新增大类"，在主类别文本框内输入"银行票据"，最后保存即可。

步骤 2：设置完大类信息后，对细类进行设置。在主类别"银行票据"下，点击"新增细类"，设置细分类别。在新增细类操作界面中，输入类别名称"银行收款回单"。

步骤 3：从系统预设好的票据种类中选择"银行回单"。设置筛选项"@收款方名称"，操作符"等于"，匹配值"厦门铭鸿电子科技有限公司"（见图 4-3-6）。

☞ **操作三**

收款业务场景类别设置

场景类别设置主要是把设置好的票据类别按照企业的业务场景进行设置。场景类别设置流程如图 4-3-7 所示。

图 4-3-6　票据类别设置

图 4-3-7　场景类别设置流程

▶ **操作指导**

步骤 1：进入"业务票据建模—场景类别"，点击"新增大类"，大类设置为"往来场景"。

步骤 2：在"往来场景"下，新增细类"收到货款"。然后在"选择票种"处，选择"银行收款回单⇒银行回单"。

步骤 3：添加筛选条件，将筛选项设置为"@项目【明细】"，操作符为"包含"，匹配值为"货款"（见图 4-3-8）。

图 4-3-8　场景类别设置

☞ **操作四**

场景配置设置

场景配置就是对场景类别和票据类别内容的再度组合，方便后续进行凭证模板设置。销售产品业务场景配置设置流程如图4-3-9所示。

图4-3-9　场景配置设置流程

▶ **操作指导**

步骤1：进入"业务票据建模—场景配置"，点击"新增主场景"，主场景名称设为"往来业务"。

步骤2：在该主场景下，点击"新增场景"，输入场景名称"收到货款"。

步骤3：点击添加按钮新增项目，在"场景类别"项目中选择"往来场景⇒收到货款"。"票据类别"中选择"银行收款回单"（见图4-3-10）。

图4-3-10　场景配置设置

☞ **操作五**

凭证模板设置

凭证模板设置是对归集而成的票据进行凭证模板信息设置。凭证模板具体设置流程如图4-3-11所示。

图4-3-11　凭证模板设置流程

（一）凭证头设置

在"业务票据建模—凭证模板设置"界面，选择"收到货款"会计场景，点击"新增模板"，设置模板名称为"收到货款"（见图4-3-12）。

图4-3-12 凭证头设置

会计业务场景：收到货款。记账日期：@交易日期。制单人：赵旭。模板名称：收到货款。凭证字：记账凭证。推送方式：自动推送。

（二）分录设置

分录设置是针对该笔业务进行分录内容的设置，是凭证模板设置四个流程中最重要的部分。

▶ **操作指导**

步骤1：设置摘要。将收到货款的主分录摘要设置为"收到货款"。

步骤2：选择科目来源、会计科目和借贷方向。科目来源为"科目"，收到货款的借方科目为"银行存款"，贷方科目为"应收账款"。科目匹配类型无须选择。

步骤3：添加金额取值公式。"银行存款"科目设置金额取值公式为"@含税金额"，"应收账款"科目设置金额取值公式为"@含税金额"（见图4-3-13）。

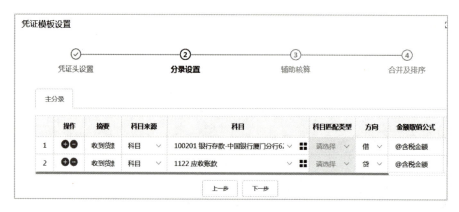

图4-3-13 凭证模板设置

（三）辅助核算设置

收到货款需要进行客户辅助核算和明细辅助核算。辅助核算客户的固定栏位设置为"@付款方名称"，操作符为"等于"。明细辅助核算栏位的"@项目【明细】"为默认设置，可以根据业务需要修改其操作符（见图4-3-14）。

图4-3-14 辅助核算设置

（四）合并及排序设置

凭证合并方式设置为"不合并"，分录合并方式为"不合并"。分录自定义排序选择"启用"，将排序条件设置为"借贷方"（见图4-3-15）。

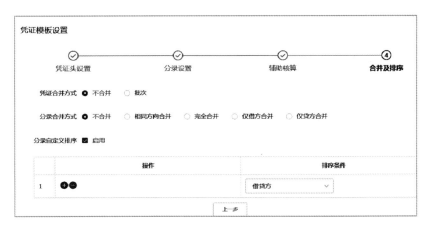

图4-3-15 合并及排序设置

（五）生成凭证

经过票据类别、场景类别、场景配置和凭证模板四个流程的设置，对单据进行识别、审核记账后即可生成凭证。在"影像管理—影像识别"中先选择需要识别的单据，点击识别，选择相应的账期，即可识别单据上的明细内容。识别完成后，核对识别结果，若识别结果无误，则点击单据审核，审核完成后，即可生成相应的凭证（见图4-3-16）。

记账凭证

凭证字：记-12-1/1号　　　　　　　日期：2019-07-03　　　　　单位：厦门铭鸿电子科技有限公司　　　　　　附单据：1张

摘要	会计科目	借方金额	贷方金额
收到货款	100201 银行存款-中国银行厦门分行621600152365	39,200.00	
收到货款	1122 应收账款		39,200.00
合计：叁万玖仟贰佰元整		39,200.00	39,200.00

制单人：赵组

图 4-3-16　生成记账凭证

📋 云端演练

【实训任务】

收款业务的处理。

【实训目标】

1. 熟悉收款业务的处理流程及操作步骤；
2. 能熟练完成收款业务票据类别、场景类别和场景配置设置；
3. 能熟练完成收款业务的凭证模板设置；
4. 能熟练完成收款业务财务机器人的自动账务处理。

【任务描述】

2019 年 7 月 11 日，厦门铭鸿电子科技有限公司收到开户行收款回单 1 张（见图 4-3-17）。请根据上述原始凭证，通过财务机器人云平台完成上述收款业务的处理。

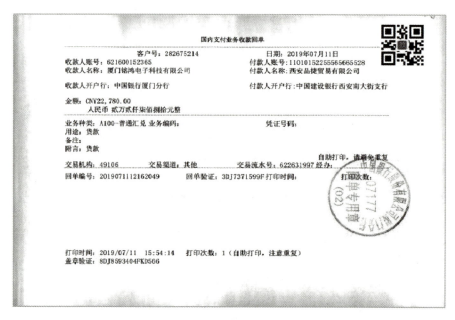

图 4-3-17　收款回单

【考核评价】

考核评价记录表如表4-3-1所示。

表4-3-1　考核评价记录表

过程考核（30%）		结果考核（60%）		增值评价（10%）	
考核内容及分值比重	得分	考核内容及分值比重	得分	考核等级及赋分标准	得分
职业态度（10%）（教师评价）		收款业务的票据类别设置（15%）		A（10分）	
课堂表现（10%）（教师评价）		收款业务的场景类别和场景配置设置（15%）		B（5分）	
创新合作（10%）（小组评价）		收款业务的凭证模板设置（30%）		C（0分）	
合计		—		—	
自我反馈	收获：				
	困惑：				

任务4　结转营业成本

◎ **学习目标**

- 掌握Excel数据建模中结转营业成本业务的计算；
- 掌握Excel数据建模中结转营业成本等业务的表单填制；

☑ **知识框架**

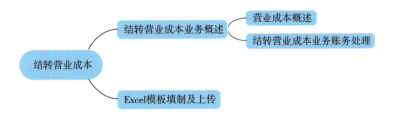

📖 **知识准备**

一、结转营业成本业务概述

（一）营业成本概述

1. 营业成本的定义。营业成本是指企业为生产产品、提供服务等发生的可归属于产

品成本、服务成本等的费用，应当在确认销售商品收入、提供服务收入等时，将已销售商品、已提供服务的成本等计入当期损益。营业成本包括主营业务成本和其他业务成本。本节涉及的营业成本为主营业务成本。

主营业务成本是指企业销售商品、提供服务等经常性活动所发生的成本。企业一般在确认销售商品、提供服务等主营业务收入时，或在月末，将已销售商品、已提供服务的成本转入主营业务成本。

2. 营业成本核算方法。存货成本核算主要按照两种方法：一种是按实际成本核算，另一种是按计划成本核算。按实际成本核算，计价方法包括先进先出法、移动加权平均法、月末一次加权平均法和个别计价法。按计划成本核算，期末应调整为实际成本。

（1）先进先出法。先进先出法是以先购入的存货先发出（销售或耗用）这样一种存货实物流转假设为前提，对发出存货进行计价的一种方法。收入存货时，逐笔登记存货数量、金额、单价；发出存货时，按照先进先出的原则，逐笔确定存货的发出成本和结存金额。先进先出法在存货收发业务发生频繁的情况下，较为烦琐，工作量大。

（2）移动加权平均法。移动加权平均法是以每次进货的成本加上原有库存存货的成本，除以每次进货数量与原有库存存货的数量之和，据以计算加权平均单位成本，作为下次进货前计算各次发出存货成本的依据。

存货单位成本=（本次进货之前库存存货的实际成本+本次进货的实际成本）÷
（本次进货之前库存存货数量+本次进货的数量）

本次发出存货的成本=本次发出存货数量×本次发货前的存货单位成本

本月月末库存存货成本=月末库存存货的数量×本月月末存货单位成本

（3）月末一次加权平均法。月末一次加权平均法是指以当月全部进货数量加上月初存货数量作为权数，去除当月全部进货成本加上月初存货成本，计算出存货的加权平均单位成本，以此为基础计算当月发出存货的成本和期末存货的成本的一种方法。

存货单位成本=［月初结存存货成本+∑（本月各批进货的实际单位成本×本月各批进货的数量）］÷
（月初结存存货数量+本月各批进货数量之和）

本月发出存货的成本=本月发出存货的数量×存货单位成本

本月月末结存存货成本=月末库存存货数量×存货单位成本

（4）个别计价法。个别计价法需要逐一辨认各批发出存货和期末存货所属的购进批别或生产批别，分别按其购入或生产时所确定的单位成本计算各批发出存货和期末存货的成本，适用于一般不能替代使用的存货、为特定项目专门购入或制造的存货以及提供给某种劳务使用的存货。

（二）结转营业成本业务账务处理

企业应当设置"主营业务成本"科目，用于核算企业因销售商品、提供服务等日常活动而发生的实际成本，该科目按主营业务的种类进行明细核算。企业结转已销售商品或提供服务成本时，借记"主营业务成本"科目，贷记"库存商品""合同履约成本"等科目。期末将主营业务成本的余额转入"本年利润"科目，借记"本年利润"科目，贷记"主营业务成本"科目，结转后，"主营业务成本"科目无余额。

二、Excel 模板填制及上传

【实训任务】

■ 任务描述

假设厦门铭鸿电子科技有限公司 7 月份销售商品，从信息中心下载产品进销存明细表（见图 4-4-1），存货成本核算采用月末一次加权平均法。

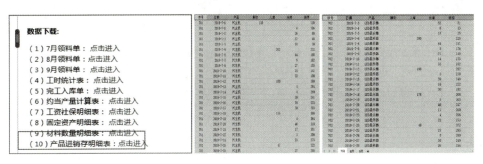

图 4-4-1 资料下载

■ 任务操作

☞ **操作一**

下载"营业成本计算表"模板

在"Excel 数据建模—模板下载"处，下载"营业成本计算表"模板（见图 4-4-2）。

序号	文档名称	操作
1	产品成本计算表.xlsx	⬇ 下载
2	发放工资汇总表.xlsx	⬇ 下载
3	计提工资汇总表.xlsx	⬇ 下载
4	领料汇总表.xlsx	⬇ 下载
5	营业成本计算表.xlsx	⬇ 下载
6	通用计提表.xlsx	⬇ 下载
7	通用摊销分配表.xlsx	⬇ 下载

图 4-4-2 模板下载

☞ **操作二**

计算产品成本

根据进销存汇总表和库存商品的账簿资料，计算产品单位成本及成本总额（见

图 4-4-3）。

科目编码	科目名称	期初余额		本期发生额		本年累计发生额		期末余额	
		借方	贷方	借方	贷方	借方	贷方	借方	贷方
1405	库存商品	275254.33		1494495.16		1.06041101E7	8963900.57	1769749.49	
140501	PC主机	200012.13		1084418.3		7597881.06	6393104.32	1284430.43	
140502	LED显示器	75242.2		410076.86		3006229.04	2570796.25	485319.06	

图 4-4-3　库存商品明细账

计算：

$$库存商品-PC\,主机\,7月份加权平均单价 = 1\,284\,430.43 \div 714 = 1\,798.92（元/台）$$
$$PC\,主机本月的销售成本 = 1\,798.92 \times 575 = 1\,034\,379（元）$$
$$库存商品-LED\,显示器\,7月份加权平均单价 = 485\,319.06 \div 714 = 679.72（元/台）$$
$$LED\,显示器本月的销售成本 = 679.72 \times 580 = 394\,237.60（元）$$

☞ **操作三**

填制营业成本计算表

填制表单，所属单位、所属账期、编制日期、产品明细、成本总额、合计（成本总额）为必填项（见表 4-4-4）。

	A	B	C	D	E	F	G

营业成本计算表

所属单位：厦门铭鸿电子科技有限公司		所属账期：2019年7月			编制日期：2019年7月31日	
序号	产品明细	本月发出数量	本月退货数量	数量合计	单位成本	成本总额
1	PC主机	575.00	0.00	575.00	1798.92	1034379.00
2	LED显示器	580.00	0.00	580.00	679.72	394237.60
3						
4						
5						
6						
7						
8						
9						
10						
11						
12						
——	合计	1155.00	0.00	1155.00	——	1428616.60
					制单：赵旭	

图 4-4-4　营业成本计算表

①所属单位：填写对应企业全称，如"厦门铭鸿电子科技有限公司"。

②所属账期：填写对应账务日期，格式如"2019 年 7 月"。

③编制日期：实务中一般填写账期的最后一天，格式如"2019 年 7 月 31 日"。

④产品明细：可选择，根据对应企业相关产品选择明细。

⑤本月发出数量：本月销售产品发出数量。

⑥本月退货数量：本月销售产品退货数量。

⑦数量合计：本月实际销售产品数量，即⑤本月发出数量－⑥本月退货数量。

⑧单位成本：根据企业适用的成本核算方法，计算相关产品单位成本。

⑨成本总额：本月销售产品成本总额，即⑦数量合计×⑧单位成本。

⑩合计：对应⑤本月发出数量、⑥本月退货数量、⑦数量合计、⑨成本总额合计数。

⑪制单：对应企业的业务会计，即为生成该结转表记账凭证的会计。

☞ **操作四**

凭证模板设置

将填制完成的表格重命名或另存为"7月营业成本计算表"（见图4-4-5）。在"Excel数据建模—模型配置"处，复制模板，然后在"Excel数据建模-Excel数据导入"处点击添加按钮，选择填制完成的表单进行上传，自动生成记账凭证。

图4-4-5 导入7月营业成本计算表

（一）凭证头设置

打开"业务票据建模—凭证模板"界面，点击"新增模板"，设置模板名称为"结转营业成本"，文档类型为"营业成本计算表"，记账日期为"@填制日期"。账期为"@所属账期"，制单人为"@制单"，推送方式为"自动推送"（见图4-4-6）。

图4-4-6 凭证头设置

（二）分录设置

▶ **操作指导**

步骤1：设置摘要。摘要设置为"@模板名称"。

步骤2：选择会计科目和借贷方向。

步骤3：添加金额取值公式。"主营业务成本"科目根据PC主机和LED显示屏设置金额取值公式为"关联表中合计成本总额"，设置数理取值公式为"关联表中数量合计数"（见图4-4-7）。

图 4-4-7　凭证模板设置

（三）合并及排序设置

分录合并方式为"完全合并"。分录自定义排序选择"启用"，排序条件设置为"借贷方"（见图4-4-8）。

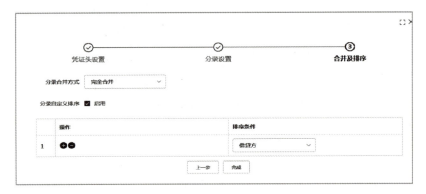

图 4-4-8　合并及排序设置

（四）生成凭证

经过凭证模板的设置，对单据进行识别、审核记账后即可生成凭证（见图4-4-9和图4-4-10）。

				结转营业成本	640101 主营业务成本-PC...	1034379							
	2019-07	记-122	2019-07-31	结转营业成本	640102 主营业务成本-LED...	394237.6			1	起组	下载	不合并	
				结转营业成本	140501 库存商品-PC主机		1034379						
				结转营业成本	140502 库存商品-LED显示器		394237.6						

图 4-4-9　生成凭证模板

图 4-4-10　生成记账凭证

云端演练

【实训任务】

结转营业成本业务的处理。

【实训目标】

1. 熟悉结转营业成本业务的处理流程及操作步骤；
2. 能熟练完成结转营业成本业务的 Excel 表格填制及上传；
3. 能熟练完成结转营业成本业务的凭证模板设置；
4. 能熟练完成结转营业成本业务财务机器人自动账务处理。

【任务描述】

根据厦门铭鸿电子科技有限公司提供的企业背景、业务情景和业务票据相关信息，针对 2019 年 8 月份发生的销售商品业务，下载 Excel 导入数据，建立 Excel 数据模型，并上传自动生成记账凭证。（分录合并方式为完全合并）

【考核评价】

考核评价记录表如表 4-4-1 所示。

表 4-4-1　考核评价记录表

过程考核（30%）		结果考核（60%）		增值评价（10%）	
考核内容及分值比重	得分	考核内容及分值比重	得分	考核等级及赋分标准	得分
职业态度（10%）（教师评价）		结转营业成本业务的 Excel 表格填制及上传（30%）		A（10 分）	
课堂表现（10%）（教师评价）		结转营业成本业务的凭证模板设置（15%）		B（5 分）	
创新合作（10%）（小组评价）		结转营业成本业务财务机器人自动账务处理（15%）		C（0 分）	
合计		—		—	
自我反馈	收获				
	困惑				

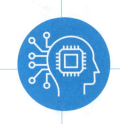

项目五 财务机器人其他业务处理

任务 1 差旅费报销业务处理

🎯 **学习目标**

- 掌握财务机器人差旅费报销业务的处理原理；
- 了解费用业务会计信息化手工核算与财务机器人自动核算的区别；
- 掌握差旅费报销业务票据类别、场景类别和场景配置设置；
- 掌握差旅费报销业务的凭证模板设置；
- 熟悉相关法律法规，并掌握火车票、行程单等交通票的进项税额正确取值设置；
- 掌握差旅费报销业务机器人自动账务处理。

☑ **知识框架**

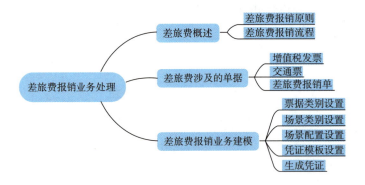

📄 **知识准备**

一、差旅费概述

差旅费是企业员工因公务外出而产生的住宿费、交通费、餐饮费等各项支出。差旅费通常归入销售费用或管理费用中。按照部门区分，行政部门差旅费归为管理费用，销售部门差旅费归为销售费用。

（一）差旅费报销原则

1. 真实性。报销业务需真实发生。
2. 合法性。报销单据必须是合法单据。
3. 合理性。费用支出必须合理。
4. 时效性。费用报销要在规定时限内完成。
5. 一致性。报销原始单据跟报销单金额要一致。

（二）差旅费报销流程

报销人填写报销单，注明报销事由并附上原始单据和发票，提交报销申请，经部门经理审批同意后，提交财务经理复核，最后由出纳进行付款（见图5-1-1）。

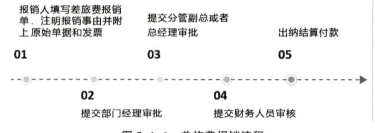

图5-1-1　差旅费报销流程

二、差旅费涉及的单据

（一）增值税发票

常见的发票类型有增值税专用发票、增值税普通发票和增值税电子普通发票，它们的区别如表5-1-1所示。

表5-1-1　增值税发票分类表

发票	增值税专用发票	增值税普通发票	增值税电子普通发票
开具范围	销售货物、服务、无形资产、不动产和提供应税劳务		
开票对象	增值税一般纳税人、小规模纳税人，可由税务机关代开或自行开具	增值税一般纳税人和小规模纳税人	增值税一般纳税人和小规模纳税人
受票对象	除自然人之外的增值税纳税人	所有受票对象	所有受票对象
联次	基本联次为三联：发票联、抵扣联和记账联	分为两联票和五联票两种，基本联次为两联：记账联、发票联	票面无联次之分

注：发生应税销售行为适用免税规定的，不得开具增值税专用发票。

（财税〔2019〕8号）规定增值税小规模纳税人（其他个人除外）发生增值税应税行为，需要开具增值税专用发票的，可以自愿使用增值税发票管理系统自行开具。选择自行开具增值税专用发票的小规模纳税人，税务机关不再为其代开增值税专用发票。

（二）交通票

1. 行程单。行程单票面主要有持票人姓名、身份证号码、航班起始地点和终点、航班号、承运航空、时间、票价、民航发展基金、燃油附加费、合计金额等信息。在航空运输电子客票行程单中，票价、燃油附加费和民航发展基金是分别列示的。

2. 动车票。动车票的票面主要有乘车区间、车次、开点、座位号、座位等级、票价、发售车站等信息。

3. 的士票。的士票通常是机打发票。机打发票的票面信息主要有车号、证号、日期、上下车时间、单价、里程及金额、票价合计等信息。除此之外，还有一种定额发票也在交通运输中经常使用。定额发票票面一般包含票面金额、发票所属地区、单位发票专用章等信息。

（三）差旅费报销单

差旅费报销单是员工进行差旅费报销的依据之一。差旅费报销单应当按照出差次数填写，每出差一次填写一张差旅费报销单，在外连续出差多天可在同一张差旅费报销单中填写。差旅费报销单每个公司的格式不一，通常会包含：①报销日期，填写差旅费报销单的日期；②出差人员，出差人员姓名；③所属部门，部门出差人员所在的部门；④出差预借款，若存在预借差旅费需要填写预借款项金额；⑤出差事由，出差目的或主要内容；⑥出发、到达，根据实际情况填写外出时间和归来的具体时间以及出差地点；⑦交通费用，出差发生的交通费用支出；⑧实际天数，出差实际天数；⑨出差补助，企业对于出差人员的补贴，按照企业实际报销制度进行补贴；⑩其他费用，住宿费用、餐饮费用以及出差其他支出；⑪退补金额，出差预借款与报销总额存在差额时，需要退补；⑫支付方式，银行转账或者现金支付；⑬报销总额，报销总额分为大写金额和小写金额，大写金额需要注意中文数字书写正确；⑭经办人员签章，报销单涉及的人员签章，包括各部门主管、报销人、财务审核人员。

三、差旅费报销业务建模

【实训任务】

■ 任务描述

2019年7月18日，厦门铭鸿电子科技有限公司销售部职员许萍鑫去苏州出差归来进行差旅费报销，取得差旅费报销单（见图5-1-2）、动车票（见图5-1-3和图5-1-4）、住宿费发票（见图5-1-5）、的士票（见图5-1-6）。根据厦门铭鸿电子科技有限公司提供的企业背景、业务情景和业务票据相关信息，在财务机器人云平台上建立相关业务模板并自动生成记账凭证。（账期为2019年7月，凭证合并方式为批次合并，分录合并方式为完全合并）

差旅费报销单

出差人	×××		所属部门		销售部	出差预借款	¥2000.00
出差事由			出差洽谈业务				
	出发			到达		交通费用	
时间	地点		时间	地点		交通工具	金额
2019/7/13	厦门		2019/7/13	苏州		动车	¥420.00
2019/7/17	苏州		2019/7/17	厦门		动车	¥420.00
实际出差天数	出差补助		其他费用			退补金额	支付方式
	补助标准	金额	住宿费用	餐费	其他		
5	¥100.00	¥500.00	¥800.00	¥0.00	¥52.30	¥192.30	现金
报销总额	人民币（大写）：贰仟壹佰玖拾贰元叁角整				¥2192.30		

行政主管：张强承　　　财务审核：钟莉　　　部门主管：张强承　　　报销人：许萍鑫

图 5-1-2　差旅费报销单

图 5-1-3　动车票（1）

图 5-1-4　动车票（2）

图 5-1-5　住宿费发票

图 5-1-6　的士票

121

■ **任务操作**

　　财务机器人基于人工预设的策略规则，在数据和配置正常情况下无须人工参与，形成相应业务的账务处理。对业务规则进行配置流程依次为：票据类别、场景类别、场景配置、凭证模板、科目匹配，若无设置科目匹配的必要，则到凭证模板即建模完成（见图 5-1-7）。

图 5-1-7　业务票据建模流程

☞ **操作一**

扫描上传票据并识别

　　在进行建模设置之前首先需要导入单据数据，查看单据信息。在建模之前对单据进行识别（见图 5-1-8），可以查看票据所识别的栏位基本信息，这些信息便是后续建模设置中可选择使用的"筛选项"，单据识别在业务票据建模之前或者之后都可以进行，但审核记账只有在业务票据建模设置完成后才能进行，审核记账后生成凭证。

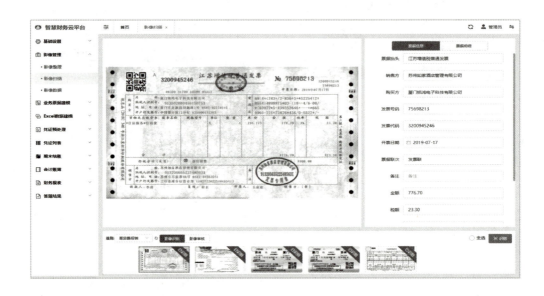

图 5-1-8　票据识别

☞ **操作二**

差旅费报销业务票据类别设置

　　票据类别设置是在票据进行简单分类的基础上，进行信息的匹配设置，其设置流程如

图 5-1-9 所示。

图 5-1-9　票据类别设置流程

业务情景和业务票据栏显示，该笔业务涉及的差旅费单据有差旅费报销单、火车票以及增值税普通发票、的士票。票据类别设置时，主类别按照取得的单据分别设置为内部单据、交通票据和采购单据三种。内部单据下面的细类为差旅费报销单，交通票据的细类为火车票，采购单据细类为采购普票。财务机器人业务票据建模时会预置一些单据的筛选项，通过设置筛选条件与单据票面要素进行关联，达成识别匹配的目的。票据类别重要的是对筛选条件的设置，也就是通过筛选项、符号和值三项设置与票面上的要素进行关联，以此达成识别匹配的目的。

▶ **操作指导**

1. 采购发票类别设置。

步骤 1：根据业务票据中的单据信息显示，差旅费报销业务取得的发票是采购发票。首先设置采购发票的大类。进入"业务票据建模—票据类别"处，点击"新增大类"，在主类别文本框内输入"采购票据"，然后保存。

步骤 2：设置完主类别信息后，对细类进行设置。在"采购票据"的大类下，点击"新增细类"，在类别名称处输入"采购普票"。

步骤 3：从系统预设好的票据种类中选择"增值税普通发票"。

步骤 4：采购普票的筛选项为"购买方名称【表头】"和"联次【表头】"，操作符为"等于"，匹配值分别设置为"厦门铭鸿电子科技有限公司"和"发票联"。最后点击保存，采购普票即设置完成（见图 5-1-10）。

图 5-1-10　采购发票类别设置

2. 交通票类别设置。

步骤1：交通票的设置流程与上述采购普票类似。进入"业务票据建模—票据类别"，点击"新增大类"，在主类别文本框内输入"交通票"，最后保存。

步骤2：设置完大类后，对细类进行设置。在主类别"交通票"下，点击"新增细类"设置细分类别。在类别名称处输入"火车票"。

步骤3：从系统预设好的票据种类中选择"火车票"，无须设置筛选项。交通票据除火车票之外，还有的士票、行程单等。其他交通票据的操作设置与火车票类似，设置仅在类别名称和选择的票种上有所区别（见图5-1-11）。

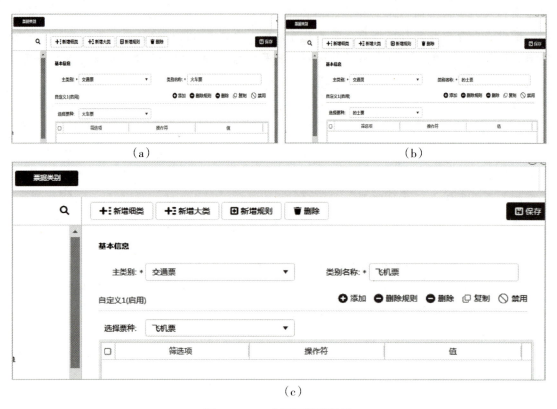

图 5-1-11　交通票类别设置

3. 差旅费报销单类别设置。

步骤1：差旅费报销单属于企业的内部单据，在新增大类时，可以将主类别设置为"内部票据"。

步骤2：在主类别"内部票"下，点击"新增细类"，类别名称为"差旅费报销单"。

步骤3：从系统预设好的票据种类中选择"差旅费报销单"。内部单据无须设置筛选条件（见图5-1-12）。

图 5-1-12　差旅费报销单类别设置

☞ **操作三**

差旅费报销场景类别设置

差旅费报销场景类别设置主要是把设置好的票据类别按照企业的业务场景进行设置。业务情景和业务票据信息显示，可将报销差旅费的业务场景分为两类，即采购业务、报销业务，分别对应业务单据中出差所取得的住宿餐饮服务的增值税发票和客运服务单据，以及企业报销的差旅费报销单。场景类别设置流程如图 5-1-13 所示。

图 5-1-13　场景类别设置流程

▶ **操作指导**

1. 设置住宿服务场景类别。

步骤 1：进入"业务票据建模—场景类别"，根据所获得的住宿费增值税普票设置大类。点击"新增大类"，将主类别设置为"采购场景"。

步骤 2：在大类"采购场景"下，新增细类。在"类别名称"处输入"住宿服务"。

步骤 3：从票种中找到并选中"采购普票⇒增值税普通发票"。

步骤 4：添加筛选条件。筛选项设置为"@项目【明细】"，操作符"包含"，匹配值"住宿"（见图 5-1-14）。

图 5-1-14　住宿服务场景类别设置

2. 设置餐饮费场景类别。

步骤1：餐饮费的操作设置和住宿费类似，在"采购场景"场景下，新增细类"餐饮服务"。

步骤2：从票种中找到并选中"采购普票⇒增值税普通发票"。

步骤3：添加筛选条件，筛选项设置为"@项目【明细】"，操作符为"包含"，匹配值为"餐饮"。

3. 设置报销差旅费场景。

步骤1：进入"业务票据建模—场景类别"，点击"新增主类别"，在主类别文本框内输入"报销场景"。

步骤2：在主类别"报销场景"下，新增细类，将类别名称设置为"报销差旅费（管理费用）"。

步骤3：在设置好的票据类别中，从票种中找到并选中"差旅费报销单⇒差旅报销单"，无须设置筛选项（见图5-1-15）。

图5-1-15　差旅费报销场景类别设置

4. 设置客运服务场景。

步骤1：交通出行的火车票同样可以归为采购业务场景，主要是采购客运服务。进入"业务票据建模—场景类别"，点击"新增大类"，在主类别文本框内输入"采购场景"。

步骤2：在主类别"采购场景"下，点击"新增类别"，将类别名称设置为"客运服务"。

步骤3：从票种中选择"火车票⇒火车票"，无须设置筛选项（见图5-1-16）。航空行程单和的士票等交通出行票据的流程设置同火车票。

> **知识点拨**
>
> 大类和细类名称设置并无强制性规定，能合理分类即可。

图 5-1-16 客运服务场景类别设置

☞ 操作四

场景配置设置

财务机器人识别单据形成记账凭证，是将一张凭证对应一笔分录，但对于报销业务来说，通常是多张单据合成一笔，要将所有单据识别为一笔业务且生成一笔凭证就需要进行批次管理和场景配置环节的组合设置。批次是财务机器人识别报销这种多张票据形成一笔分录的业务的特殊之处。将同属于一笔报销业务的业务单据进行标注，在票面上标注 A、B、C 等字样，财务机器人进行识别时，会将同一账期内单据批次标注相同的归为一笔业务，并赋予该业务一个批次号。场景配置就是对场景类别和票据类别内容的再度组合。将住宿发票、餐饮发票、交通票和差旅费报销单等单据进行组合配置为一个场景，方便后续进行凭证模型设置。差旅费报销业务场景配置设置流程如图 5-1-17 所示。

图 5-1-17 场景配置设置流程

业务情景、业务票据和业务要求相关信息显示，报销差旅费的场景配置是将设置好的采购、报销场景和相应的增值税票、交通票和差旅费报销单的票据类别进行组合配置并设置组合名称，形成一个完整的业务场景。

▶ 操作指导

步骤 1：进入"业务票据建模—场景配置"，点击"新增主场景"，主场景名称设置为"费用业务"。

步骤 2：在主场景"费用业务"下，点击"新增场景"，场景名称设置为"报销差旅

费"。

步骤3：点击添加按钮来新增项目，在场景类别项中选择"报销场景⇒报销差旅费""采购场景⇒餐饮服务""采购场景⇒住宿服务""采购场景⇒客运服务"场景。

步骤4：选择各个票据类别，"报销场景⇒报销差旅费"票据类别选择为"差旅费报销单"。"采购场景⇒住宿服务"和"采购场景⇒餐饮服务"的票据类别选择为"采购普票⇒增值税普通发票"，"采购场景⇒客运服务"的票据类别选择为"火车票"。

步骤5：将差旅费报销单勾选为主票。差旅费报销单的组合名称处放空不填，则差旅费报销在后续凭证模型设置中显示为主分录。在采购普票组合名称处输入"不可抵扣票"，火车票组合名称处可设置为"可抵扣票"（见图5-1-18）。

图5-1-18　差旅费报销场景配置设置

☞ **操作五**

凭证模板设置

凭证模板设置是对归集而成的票据进行凭证模板信息设置。凭证模板具体设置流程如图5-1-19所示。

图5-1-19　凭证模板设置流程

（一）凭证头设置

进入"业务票据建模—凭证模板设置"，选择"报销差旅费"的会计场景，点击"新增模型"开始设置凭证头内容（见图5-1-20）。

会计业务场景：报销差旅费。记账日期：@交易日期。制单人：张秀欣。模板名称：报销差旅费。凭证字：记账凭证。推送方式：自动推送。

图 5-1-20　凭证头设置

（二）分录设置

分录设置是凭证模板设置四个流程中最重要的部分，也就是针对该笔业务进行分录内容的设置。报销差旅费业务要特别留意科目、金额取值公式以及取值匹配的公式设置。

财务机器人对于差旅费的处理是将其拆分为两笔业务。一是预借差旅费时，通过借款单、银行回单处理。二是进行报销差旅费时，利用报销单及相关报销单据进行处理。账务处理是通过中间科目"其他应付款"科目进行过渡核算的。

▶ **操作指导**

1. 预借差旅费凭证模板设置。

步骤 1：进入"业务建模—凭证模板"，选会计场景"借款"，点击新增凭证模板"员工借款"。

步骤 2：选中"员工借款"，点击"编辑模板"，场景名称设置为"员工借款"。

步骤 3：设置主分录：借：122102 其他应收款——职员；贷：224102 其他应付款——职员或者 1001 库存现金（见图 5-1-21）。

图 5-1-21　预借差旅费凭证模板设置

2. 报销差旅费凭证模板设置。

通过报销单及相关报销单据处理，利用分录之间的合并抵销形成正确的业务分录（见图 5-1-22）。

图 5-1-22　报销差旅费凭证模板设置

步骤 1：进入"业务建模—凭证模板"，选中会计场景"费用报销"，点击新增凭证模型"报销差旅费（销售费用）"。

步骤 2：选中"报销差旅费（销售费用）"，点击"编辑模板"，场景名称设置为"报销差旅费（销售费用）"。

步骤 3：设置主分录（报销单）。

借：660105 销售费用——差旅费

贷：122102 其他应收款——职员

贷：224102 其他应付款——职员/1001 库存现金

步骤 4：设置专用发票分录：

借：22210101 应交税费——应交增值税（进项税额）

贷：660105 销售费用——差旅费。

步骤 5：设置火车票、飞机票（行程单）分录：

借：22210101 应交税费——应交增值税（进项税额）

贷：660105 销售费用——差旅费。

因为报销款可以采用现金方式支付，也可以采用银行转账方式，因此设置"其他应付款——职员"和"库存现金"科目时可以通过支付方式取值匹配识别科目：如果支付方式是银行转账，则取值匹配设置为"@支付方式包含银行"。现金支付取值匹配设置为"@支付方式包含现金"。

知识点拨

1. 将银行转账支付的款项暂时计入过渡科目，转账支付完成后，冲销该科目。借款单的账务处理为借记"其他应收款——职员"，贷记"其他应付款——职员"。银行回单的账务处理为借记"其他应付款——职员"，贷记"银行存款"，冲销过渡科目。

2. 由于通常每月不止行政部一个部门进行差旅费报销业务，还可能涉及销售部门或其他部门。因此，在设置会计分录时，我们可以将其设置在同一个模型内。在凭证模型中一同添加"管理费用——差旅费""销售费用——差旅费"等科目，在相应科目后的取值匹配处对部门进行取值。

（三）取值设置

1. 取值公式设置。财务机器人建模取值公式，根据业务发生的原始凭证上的相关金额设置"@价税合计"、"@金额"或者"@预计金额"等。其中进项税额的取值是通过计算得出的辅票进项税额冲减主票金额：增值税专用发票的进项税额取值为票面税额，公式设置为"@税额"；对于进项报销差旅费，要注意客运服务的相关税收政策，这会影响到财务机器人业务票据建模中凭证模板的金额取值设置。根据财政部、国家税务总局、海关总署《关于深化增值税改革有关政策的公告》（〔2019〕39 号文）中关于国内旅客运输服务抵扣的有关规定：对购进国内旅客运输服务，其进项税额可以从销项税额中抵扣。

（1）取得增值税电子普通发票的，为发票上注明的税额；

（2）取得注明旅客身份信息的航空运输电子客票行程单的，按照下列公式计算进项税额：

$$航空旅客运输进项税额＝（票价＋燃油附加费）÷（1＋9\%）×9\%$$

（3）取得注明旅客身份信息的铁路车票的，按照下列公式计算进项税额：

$$铁路旅客运输进项税额＝票面金额÷（1＋9\%）×9\%$$

（4）取得注明旅客身份信息的公路、水路等其他客票的，按照下列公式计算进项税额：

$$公路、水路等其他旅客运输进项税额＝票面金额÷（1＋3\%）×3\%$$

2. 取值匹配设置（见图 5-1-23）。

图 5-1-23　取值匹配设置

> **知识点拨**
>
> 1. 报销业务设置取值匹配时需要勾选主票,只有勾选了主票才会按照主票上的匹配值进行匹配。
>
> 2. 行程单、火车票、银行回单等票面无税额明细的单据进行识别时,金额和含税金额是相同的,因此在进行凭证模板的金额取值公式设置时需要特别注意。
>
> 3. 由于在凭证模板的凭证头设置中,推送方式选择的是自动推送,因此在"凭证预处理—业务票据凭证"处就无须手动推送凭证到凭证列表中,已推送的凭证,对应单据不能直接重新生成,需先删除凭证列表中的凭证,再重新生成。

（四）辅助核算设置

报销差旅费业务需要进行辅助核算设置。在职员辅助核算项处添加"@经办人"的固定栏位,操作符为"等于"。经办人即主票中的报销人员,操作符为"等于",即辅助核算的明细科目与经办人姓名需完全一致。在职员辅助核算项的取值规则描述处便会显示"@经办人",点击下一步进入合并及排序（见图5-1-24）。

图5-1-24　辅助核算设置

（五）合并及排序设置

1. 凭证合并方式。依照业务要求上的描述,报销差旅费的单据必须为同一批次的单据,因此凭证合并方式设置为"批次"（见图5-1-25）。

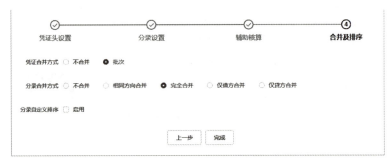

图5-1-25　合并及排序设置

2. 分录合并方式。根据业务要求，报销差旅费业务选择为“完全合并”，完全合并即借贷双方相同和不同方向都会进行合并。由于报销差旅费的进项税额是通过冲减“销售费用——差旅费”或“管理费用——差旅费”，在形成会计分录时，借贷双方都会存在“销售费用——差旅费”或“管理费用——差旅费”，因此，在选择分录合并方式时，选择完全方向合并较为适宜。

3. 分录自定义排序。分录自定义排序选择“启用”，将排序条件设置为“借贷方”，生成的会计分录会按照借贷方进行排序。若不进行排序设置，则生成的凭证借贷方金额混乱无序，不易于校对。

（六）生成凭证

经过票据类别、场景类别、场景配置和凭证模板四个流程的设置，识别单据、审核记账后即可生成凭证。在“影像管理—影像识别”中先选择需要识别的单据，点击识别，选择相应的账期，即可识别单据上的明细内容。识别完成后，核对识别结果，若识别结果无误，则点击单据审核，审核完成后，即可生成相应的凭证（见图 5-1-26）。

记账凭证

凭证字 记-5-1/1 号　日期：2019-07-18　单位：厦门铭鸿电子科技有限公司　附单据：5张

摘要	会计科目	借方金额	贷方金额
报销差旅费	22210101 应交税费-应交增值税-进项税额	34.68	
报销差旅费	660105 销售费用-差旅费		34.68
合计：叁拾肆元陆角捌分		34.68	34.68

制单人：赵旭

（a）

记账凭证

凭证字 记-6-1/1 号　日期：2019-07-18　单位：厦门铭鸿电子科技有限公司　附单据：5张

摘要	会计科目	借方金额	贷方金额
报销差旅费	22210101 应交税费-应交增值税-进项税额	34.68	
报销差旅费	660105 销售费用-差旅费		34.68
合计：叁拾肆元陆角捌分		34.68	34.68

制单人：赵旭

（b）

记账凭证

凭证字 记-7-1/1 号　日期：2019-07-18　单位：厦门铭鸿电子科技有限公司　附单据：5张

摘要	会计科目	借方金额	贷方金额
报销差旅费	660105 销售费用-差旅费	2,192.30	
报销差旅费	122102 其他应收款-职员		2,000.00
报销差旅费	1001 库存现金		192.30
合计：贰仟壹佰玖拾贰元叁角		2,192.30	2,192.30

制单人：赵旭

（c）

图 5-1-26　生成记账凭证

> **知识点拨**
>
> 1. 组合名称的填写会影响后续凭证模型的设置，组合名称如果为空，则该票据默认进入凭证模板中的主分录进行设置。组合名称并无必要规定，可根据需要自行命名。
>
> 2. 同属于一个批次的单据，会进入同一个场景。

📄 云端演练

【实训任务】

差旅费报销业务的处理。

【实训目标】

1. 熟悉差旅费报销业务的处理流程及操作步骤；
2. 能熟练完成差旅费报销业务票据类别、场景类别和场景配置设置；
3. 能熟练完成差旅费报销业务的凭证模板设置；
4. 能熟练完成差旅费报销业务财务机器人自动账务处理。

【任务描述 1】

2019 年 8 月 10 日，厦门铭鸿电子科技有限公司行政部张强承出差借款，取得借款单一张（见图 5-1-27）。

图 5-1-27　借款单

【任务描述 2】

2019 年 8 月 17 日，厦门铭鸿电子科技有限公司行政部张强承出差归来，现手持差旅费报销单、行程单、住宿费和餐饮发票等报销凭证（原始凭证如图 5-1-28 所示）来到财务室报销。请通过财务机器人云平台完成上述差旅费报销业务的处理。

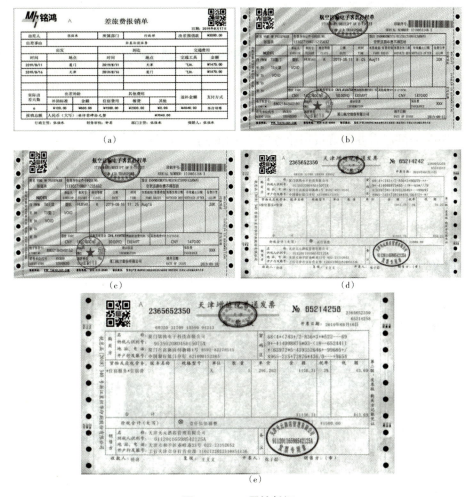

图 5-1-28　原始凭证

【考核评价】

考核评价记录表如表 5-1-2 所示。

表 5-1-2　考核评价记录表

过程考核（30%）		结果考核（60%）		增值评价（10%）	
考核内容及分值比重	得分	考核内容及分值比重	得分	考核等级及赋分标准	得分
职业态度（10%）（教师评价）		差旅费报销业务的票据类别设置（15%）		A（10 分）	
课堂表现（10%）（教师评价）		差旅费报销业务的场景类别和场景配置设置（15%）		B（5 分）	
创新合作（10%）（小组评价）		差旅费报销业务的凭证模板设置（30%）		C（0 分）	
合计		—		—	
自我反馈	收获：				
	困惑：				

任务2　办公费报销业务处理

学习目标

- 掌握财务机器人办公费报销业务的处理原理；
- 掌握在业务票据建模中办公费报销业务的增值税发票、通用费用报销单的票据类别设置；
- 掌握在业务票据建模中办公费报销业务的场景类别和场景配置设置；
- 掌握在业务票据建模中办公费报销业务凭证模板的设置。

知识框架

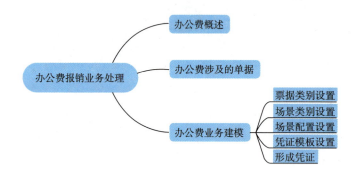

知识准备

一、办公费概述

　　办公费主要指企业生产和管理部门的办公耗材、报纸杂志费、图书资料费等项目支出。这些费用支出都是运用在管理范围之内的正常消耗。办公费支出一般计入管理费用科目。管理费用是企业行政管理部门为组织和管理生产经营活动而发生的各项费用。其中，办公用品支出是办公费报销的主要支出项目，通常包括办公文具、办公通信器材、电脑配件等支出项目，例如胶水、回形针、票夹、打印纸、墨盒等购买费用。

　　办公费报销的一般流程是，报销人填写报销单注明报销事由并附上原始单据和发票，提交报销申请，经部门经理审批确认后，交由财务部门复核，最后由出纳进行付款。

二、办公费涉及的单据

（一）增值税发票

办公费常涉及部门的办公耗材、电话通信等项目支出。单据类型包括增值税专用发票、增值税电子普通发票等。支出项目不同，取得的增值税发票类型也不同。

（二）通用费用报销单

费用报销单是企业进行费用报销的依据。不同的公司采用不同的报销单格式。费用报销单上的基本信息包括：①报销日期，填写报销单当日日期；②报销人，填写报销人员姓名；③所属部门，填写报销人员的所属部门；④报销项目，填写报销办公费（报销项目为办公费），报销其他项目（如职工福利），相应填写福利费；⑤摘要，填写报销费用的用途或者报销明细；⑥金额，填写实际发生金额；⑦合计，填写各项费用的合计数字，采用阿拉伯数字填写，前面要加上人民币符号"￥"；⑧报销总额，填写大写数字人民币金额；⑨支付方式，填写银行转账或现金支付；⑩人员签章，即报销人员及相关部门主管签章。

三、办公费业务建模

【实训任务】

■ 任务描述

2019 年 7 月 10 日，厦门铭鸿电子科技有限公司业务员洪修梓报销办公费，取得通用报销单、增值税电子普通发票，如图 5-2-1 和 5-2-2 所示。根据企业背景、业务情景和业务票据相关信息，在财务机器人云平台上建立相关业务模型并自动生成记账凭证。（账期为 2019 年 7 月，凭证合并方式为批次合并，分录合并方式为完全合并）

■ 任务操作

财务机器人是基于人工预设的策略规则，在数据和配置正常情况下无须人工参与，形成相应业务的账务处理。根据案例企业背景和业务场景、业务票据所提供的信息进行后续建模处理。按照图 5-2-3 所示的财务机器人业务规则配置流程进行设置。

铭鸿	B	通用费用报销单			
				日期：2019年7月10日	
报销人	洪修梓		所属部门		行政部
报销项目		摘要		金额	
办公费		打印纸8箱		618.00	
合计				￥618.00	
报销总额	人民币（大写）：陆佰壹拾捌元整			支付方式	银行转账
行政主管：张强承	财务审核：钟莉		部门主管：张强承		报销人：洪修梓

图 5-2-1　通用报销单

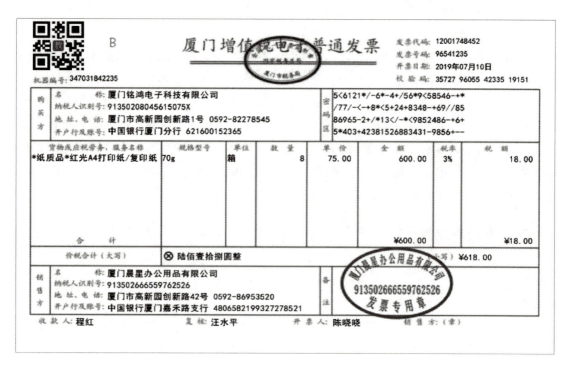

图 5-2-2　增值税普通发票

图 5-2-3　业务票据建模流程

☞ **操作一**

扫描上传票据并识别

在进行建模设置之前需要先导入单据数据，查看单据信息。在建模之前对单据进行识别，单据识别在业务票据建模之前或者之后都可以进行，但审核记账只有在业务票据建模设置完成后才能进行，审核记账后生成凭证（见图 5-2-4）。

☞ **操作二**

办公费报销业务票据类别设置

票据类别设置是在票据进行简单分类的基础上，进行信息的匹配设置，其设置流程如图 5-2-5 所示。

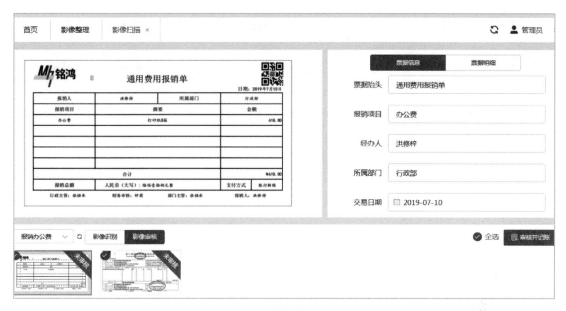

图 5-2-4　扫描上传及识别票据

图 5-2-5　票据类别设置流程

▶ **操作指导**

1. 采购发票类别设置。

步骤 1：业务票据中的单据信息显示，办公费报销业务取得的发票是采购发票。首先设置采购发票的大类。进入"业务票据建模—票据类别"处，点击"新增大类"，在主类别文本框内输入"采购票据"，然后保存。

步骤 2：设置完主类别信息后，对细类进行设置。在"采购票据"的大类下，点击"新增细类"，在类别名称处输入"采购电子普票"。

步骤 3：从系统预设好的票据种类中选择"增值税电子普通发票"。

步骤 4：添加筛选条件。由于增值税电子普票只有一联，票面没有联次之分，因此在设置筛选条件时只需添加采购方名称作为筛选项。采购电子普票的筛选项可设置为"@购买方"，操作符为"等于"，匹配值设置为"厦门铭鸿电子科技有限公司"，最后点击保存，采购电子普票即设置完成（见图5-2-6）。

图 5-2-6　采购电子普票类别设置

2. 通用费用报销单类别设置。

步骤1：通用费用报销单属于企业的内部单据，在新增大类时，将主类别设置为"内部票据"。

步骤2：在主类别"内部票据"下，点击"新增细类"，类别名称为"通用费用报销单"。

步骤3：从系统预设好的票据种类中选择"通用费用报销单"，内部单据无须设置筛选条件（见图5-2-7）。

图 5-2-7 通用费用报销单类别设置

知识点拨

上述建模规则都是以单个业务为基础进行讲解设置的。若题目要求同时设置差旅费报销业务或其他业务，单据同时涉及采购增值税专用发票、增值税普通发票或增值税电子普通发票，那么票据类别只要设置一个"采购单据"，在其大类下相应增加"采购专票"、"采购普票"和"采购电子普票"即可。

☞ **操作三**

场景类别设置

场景类别设置主要是把设置好的票据类别按照企业的业务场景进行设置。根据业务情景和业务票据信息显示，办公费报销业务由两种票据构成，即采购发票和通用费用报销单，在设置场景类别时也相应设置采购场景和报销场景，待到场景配置时对二者进行场景组合，形成报销办公费业务。办公费报销业务场景类别设置流程如图5-2-8所示。

场景类别 ❶ 新增大类 ❷ 新增细类 ❸ 选择票种 ❹ 设置筛选条件 ❺ 设置完成

图 5-2-8 场景类别设置流程

▶ **操作指导**

1. 设置采购办公用品场景。

步骤1：进入"业务票据建模—场景类别"，点击"新增大类"，将主类别设置为"采购场景"。

步骤2：在大类"采购场景"下，新增细类，在"类别名称"处输入"采购办公用品"。

步骤3：从票种中找到并选中"采购电子普票⇒增值税电子普通发票"。

步骤4：添加筛选条件。筛选项设置为"@销售方"，操作符为"等于"，匹配值为销售方公司名称全称。筛选项选择用"@销售方"而不是选择用"@项目【明细】"是因为办公耗材涉及的明细种类繁多，若采用"@项目【明细】"进行筛选，规则设置烦琐，而且容易产生冲突，不易区分（见图5-2-9）。

图 5-2-9 采购办公用品场景类别设置

2. 设置报销办公费场景类别。

步骤1：进入"业务票据建模—场景类别"，点击"新增主类别"，在主类别文本框内输入"报销场景"。

步骤2：在主类别"报销场景"下，新增细类，将类别名称设置为"报销办公费"。

步骤3：在设置好的票据类别中，从票种中找到并选中"通用报销单⇒通用费用报销单"，无须设置筛选项。

步骤4：添加筛选条件，将筛选项设置为"@报销项目"，操作符为"包含"，匹配值为"办公费"（见图5-2-10）。

图 5-2-10 报销办公费场景类别设置

操作四

场景配置设置

财务机器人识别单据形成记账凭证时，大部分是将一张凭证对应一笔分录，但办公费报销需要进行批次管理和场景配置组合设置才能识别。办公费报销业务场景配置设置流程如图 5-2-11 所示。

图 5-2-11　场景配置设置流程

业务情景、业务票据和业务要求相关信息显示，报销办公费的场景配置是将设置好的场景和相应的增值税票、通用费用报销单的票据类别进行组合，设置组合名称，形成一个完整的业务场景。

▶ **操作指导**

步骤 1：进入"业务票据建模—场景配置"，点击"新增主场景"，主场景名称设置为"费用业务"。

步骤 2：在主场景"费用业务"下，点击"新增场景"，场景名称设置为"报销办公费"。

步骤 3：点击添加按钮来新增项目，在场景类别项中选择"采购场景⇒采购办公用品"和"报销场景⇒报销办公费"。

步骤 4：选择各个票据类别，"报销场景⇒报销办公费"的票据类别选择为"通用费用报销单"。"采购场景⇒采购办公用品"的票据类别选择为"采购电子普票"。

步骤 5：将通用费用报销单勾选为主票。办公费报销单的组合名称处放空不填，采购电子普票组合名称处输入"电子普票"，增值税专用发票设置为"可抵扣票"（见图 5-2-12）。

图 5-2-12　报销办公费场景配置设置

☞ **操作五**

凭证模板设置

凭证模板是对归集而成的票据进行凭证模板信息设置。凭证模板具体设置流程如图 5-2-13 所示。

图 5-2-13　凭证模板设置流程

（一）凭证头设置

进入"业务票据建模—凭证模板设置"，选择"报销办公费"的会计业务场景，点击"新增模板"开始设置凭证头内容（见图 5-2-14）。

图 5-2-14　凭证头设置

根据业务要求中的描述，账期要求为 2019 年 7 月，那么记账日期可设置为交易日期。

会计业务场景：报销办公费。记账日期：@交易日期。制单人：赵旭。模板名称：报销办公费。凭证字：记账凭证。推送方式：自动推送。

> **知识点拨**
>
> 　　若添加的场景组合名称已设置凭证模板且关联相应单据，要删除场景配置项目时，则需要先删除该组合关联的凭证模板，然后再删除场景配置项目，由后向前操作。

（二）分录设置

▶ **操作指导**

步骤 1：进入"业务建模—凭证模板"，选中会计场景"费用报销"，点击新增凭证模板"报销办公费"。

步骤 2：选中"报销办公费"，点击"编辑模板"，场景名称设置为"报销办公费"。

步骤 3：设置主分录。借：660204 管理费用——办公费（或者 660104 销售费用——办公费或者 510107 制造费用——办公费）；贷：224102 其他应付款—职员（或者 1001 库

存现金），见图 5-2-15。

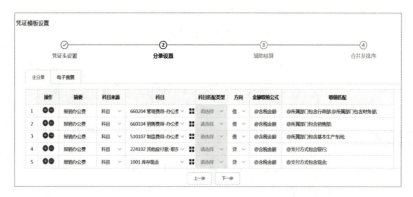

图 5-2-15　报销办公费主分录凭证模板设置

> **知识点拨**
>
> 1. 若办公费报销业务取得的是增值税专票，则可以用于抵扣，其会计分录设置的借方为"应交税费——应交增值税——进项税额"，贷方为"管理费用——办公费"和"销售费用——办公费"。在金额取值公式上，设置为"@税额"，冲减主分录的价税合计金额。在取值匹配处对相应科目按照所属部门进行取值。
>
> 2. "其他应付款——职员"和"库存现金"科目在进行科目识别时会通过支付方式进行识别匹配，二择一。
>
> 3. 增值税电子普通发票。根据税法规定，该单据不能进行进项税额抵扣，而且在主单据那边已经涵盖了这类单据的报销金额，所以该单据不用设置补充凭证规则。

（三）辅助核算设置

报销办公费业务需要进行辅助核算设置。在职员辅助核算项处添加"@经办人"的固定栏位，操作符为"等于"。经办人即主票中的报销人员，操作符为"等于"，即辅助核算的明细科目与经办人姓名需完全一致，在职员辅助核算项的取值规则描述处便会显示"@经办人"，点击保存，辅助核算就设置完成了（见图 5-2-16）。

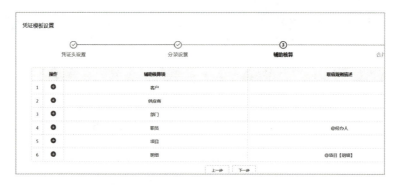

图 5-2-16　辅助核算设置

（四）合并及排序设置

1. 凭证合并方式。依照业务要求，报销办公费的单据为同一批次的单据，凭证合并方式设置为按批次合并。按批次合并意味着同一个批次的凭证合并为一笔分录（见图 5-2-17）。

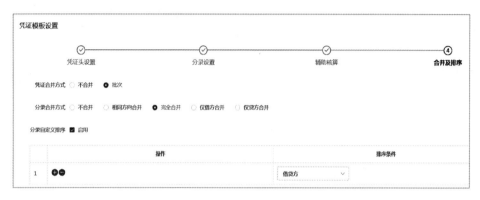

图 5-2-17　合并及排序设置

2. 分录合并方式。不同的分录合并方式形成的记账凭证也不同，根据业务要求，办公费报销业务的分录合并方式选择为"完全合并"。

3. 分录自定义排序。分录自定义排序选择"启用"，将排序条件设置为"借贷方"，生成的会计分录会按照借贷方进行排序。若不进行排序设置，则生成的凭证借贷方金额混乱无序，不易于校对。

（五）生成凭证

经过票据类别、场景类别、场景配置和凭证模板四个流程的设置，对单据进行识别、审核记账后即可生成凭证。在"影像管理—影像识别"中先选择需要识别的单据，点击识别，选择相应的账期，即可识别单据上的明细内容。识别完成后，核对识别结果，若识别结果无误，则点击"单据审核"，审核完成后，即可生成相应的凭证（见图 5-2-18）。

记账凭证

凭证字 记-8-1/1 号　　　　　日期：2019-07-10　　　　　单位：厦门铭鸿电子科技有限公司　　　　　附单据：2张

摘要	会计科目	借方金额	贷方金额
报销办公费	660204 管理费用-办公费	618.00	
报销办公费	224102 其他应付款-职员		618.00
合计：陆佰壹拾捌元整		618.00	618.00

制单人：赵旭

图 5-2-18　生成记账凭证

知识点拨

1. 报销业务设置取值匹配时需要勾选主票，只有勾选了主票才会按照主票上的匹配值进行匹配。

2. 由于在凭证模板的凭证头设置中，推送方式选择的是"自动推送"，因此在"凭证预处理—业务票据凭证"处就无须手动推送凭证到凭证列表中。

云端演练

【实训任务】

办公费报销业务处理。

【实训目标】

1. 熟悉办公费报销业务的处理流程及操作步骤；
2. 能熟练完成办公费报销业务票据类别、场景类别和场景配置设置；
3. 能熟练完成办公费报销业务的凭证模板设置；
4. 能熟练完成办公费报销业务财务机器人自动账务处理。

【任务描述】

根据原始凭证（见图 5-2-19 和图 5-2-20），通过财务机器人云平台完成办公费报销业务的处理。

铭鸿 B	通用费用报销单		
			日期：2019年8月12日
报销人	洪修梓	所属部门	行政部
报销项目	摘要		金额
办公费	计算器20个，文件夹40个		515.00
合计			¥515.00
报销总额	人民币（大写）：伍佰壹拾伍元整	支付方式	银行转账
行政主管：张强永 财务审核：钟莉 部门主管：张强永			报销人：洪修梓

图 5-2-19　通用费用报销单

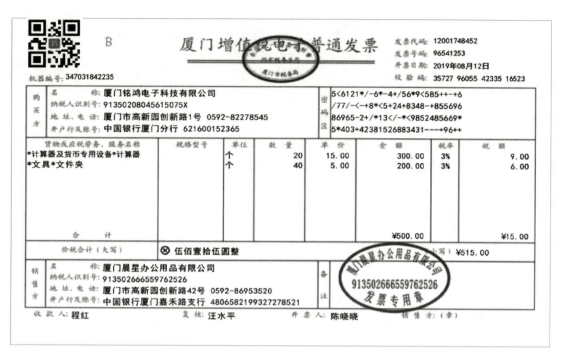

图 5-2-20　增值税普通发票

【考核评价】

考核评价记录表如表 5-2-1 所示。

表 5-2-1　考核评价记录表

过程考核（30%）		结果考核（60%）		增值评价（10%）	
考核内容及分值比重	得分	考核内容及分值比重	得分	考核等级 及赋分标准	得分
职业态度（10%）（教师评价）		办公费报销业务的票据类别设置（15%）		A（10 分）	
课堂表现（10%）（教师评价）		办公费报销业务的场景类别和场景配置设置（15%）		B（5 分）	
创新合作（10%）（小组评价）		办公费报销业务的凭证模板设置（30%）		C（0 分）	
合计		—		—	
自我 反馈	收获：				
	困惑：				

任务 3　房租费、保险费等费用的业务处理

学习目标

- 掌握业务票据建模中房租费、保险费等费用业务的票据类别设置；
- 掌握业务票据建模中房租费、保险费等费用业务的场景类别和场景配置设置；
- 掌握业务票据建模中房租费、保险费等费用业务的凭证模板的设置。

知识框架

知识准备

一、房租费和保险费概述

房租费是企业租赁厂房或办公性用房的支出，是由房屋出租人将房屋交由房屋承租人使用，承租人通过交付一定数额的租金，取得房屋的占有和使用权利的行为。根据企业会计准则的规定，租赁是指在一定期间内，出租人将资产的使用权让与承租人以获取对价的合同。其中，短期租赁是指在租赁期开始日，租赁期不超过 12 个月的租赁。对于短期租赁，承租人可以选择不确认使用权资产和租赁负债。例如，徐州佳和美商贸有限公司 5 月购买房屋租赁服务，时间短于 12 个月，属于短期租赁，应当按照直线法进行摊销。对于此类需要摊销的费用，通常先通过业务票据建模将费用进行归集，然后月末在 Excel 数据建模处进行摊销分配。

保险费是企业购买材料、固定资产或其他财产而发生的保费支出。费用是否需要摊销，主要看该项费用是否属于本期发生或支付，但应当由本期和以后各期共同负担的，基本原则就是该项费用能否本期一次性进入成本或受益期限是不是比较长。需要注意的是，对于商品流通企业在购买商品过程中发生的保险费应当计入采购成本。

在业务票据建模进行房租费、保险费等后续需要摊销的费用账务处理时，默认取得增值税发票为未付款状态，先将金额暂时借记"其他应付款"科目，贷记"应付账款"科目，待取得银行回单时，进行银行转账后，再借记"应付账款"，贷记"银行存款"。期末摊销时，再将"其他应付款"科目冲销。

二、房租费和保险费业务涉及的单据

房租费业务和保险费业务常见的单据主要有增值税专用发票、增值税普通发票和增值税电子普通发票。

三、房租费和保险费等费用业务账务处理（以房租费为例）

【实训任务】

■ 任务描述

2019 年 7 月 28 日，厦门铭鸿电子科技有限公司发生房屋租赁费用支出，取得增值税专用发票 1 张（见图 5-3-1），注明价款为 8 000 元，增值税税额为 4 320 元。根据公司提供的业务情景和业务票据相关信息，在财务机器人云平台上建立相关业务模板并自动生成记账凭证。（账期为 2019 年 7 月，凭证合并方式为不合并，分录合并方式为不合并）

图 5-3-1　房租费发票

■ 任务操作

根据案例企业背景和业务场景、业务票据所提供的信息，结合业务票据建模流程进行设置。房租费和保险费的建模设置流程依次为：票据类别、场景类别、场景配置、凭证模板、科目匹配，若无设置科目匹配的必要，则到凭证模板即建模完成（见图 5-3-2）。

图 5-3-2　业务票据建模流程

☞ **操作一**

扫描上传票据并识别

在进行建模设置之前首先需要导入单据数据，查看单据信息（见图5-3-3）。在建模之前对单据进行识别，可以查看票据所识别的栏位基本信息，这些信息便是后续建模设置中可选择使用的"筛选项"，单据识别在业务票据建模之前或者之后都可以进行，但审核记账只有在业务票据建模设置完成后才能进行，审核记账后生成凭证。

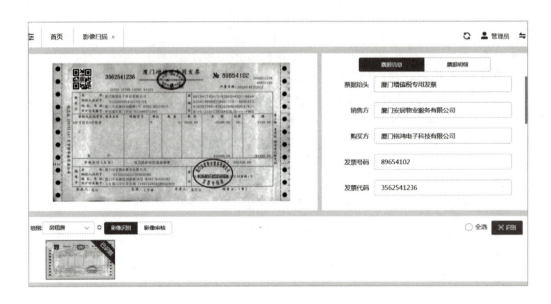

图5-3-3 房租费票据识别

☞ **操作二**

房租费（或保险费）业务票据类别设置

票据类别设置是在票据进行简单分类的基础上，进行信息的匹配设置，其设置流程如如图5-3-4所示。

图5-3-4 票据类别设置流程

业务信息显示，2019年7月28日厦门铭鸿电子科技有限公司发生的房租费业务取得的单据为增值税专用发票，因此进行票据类别设置时，按照要求设置采购专票的票据类别即可。

▶ **操作指导**

步骤1：进入"业务票据建模—票据类别"，点击"新增大类"，在主类别文本框内输入"采购票据"，最后保存即可。

步骤2：设置完主类别信息后，对细类进行设置。点击"新增细类"，设置细分类别。在"新增细类"操作界面中，输入类别名称"采购专票"。

步骤3：从系统预设好的票据种类中选择"增值税专用发票"。

步骤4：采购普票的筛选项为"@购买方"和"@票据联次"，操作符为"等于"，匹配值分别设置为"厦门铭鸿电子科技有限公司"和"发票联"。最后点击保存，采购专票即设置完成（见图5-3-5）。

图5-3-5 房租费（保险费）发票类别设置

☞ **操作三**

场景类别设置

场景类别设置主要是把设置好的票据类别按照企业的业务场景进行设置。业务情景和业务票据信息显示，场景类别设置流程如图5-3-6所示。

图5-3-6 场景类别设置流程

▶ **操作指导**

步骤1：进入"业务票据建模—场景类别"，点击"新增大类"，主类别名称设置"采购场景"。

步骤2：在大类"采购场景"下，进行新增细类，在"类别名称"处输入"租赁服务（房屋）"。

步骤3：从票种中找到并选中"采购专票⇒增值税专用发票"。

步骤4：添加筛选条件，选择筛选项为"@项目【明细】"，操作符为"包含"，匹配值为"房租费"。点击保存，房租费业务即完成（见图5-3-7）。

图5-3-7　房租费场景类别

☞ **操作四**

场景配置设置

房租费（保险费）业务场景配置设置流程如图5-3-8所示。

图5-3-8　场景配置设置流程

业务情景和业务要求相关信息显示，房租费和保险费业务无须进行批次设置，因此在进行场景配置时，不用勾选主票设置，直接将设置好的场景和相应的票据类别进行组合配置，设置组合名称，形成一个完整的业务场景。

▶ **操作指导**

步骤1：进入"业务票据建模—场景配置"，点击"新增主场景"，主场景名称设置为"费用业务"。

步骤2：在主场景"费用业务"下，点击"新增类别"，输入场景名称"房租费"。

步骤3：点击添加按钮新增项目，在场景类别项目中选择"采购场景⇒租赁服务（房屋）"场景。

步骤4：在票据类别中勾选"采购专票"，无须设置组合名称（见图5-3-9）。

图 5-3-9　场景配置设置

知识点拨

无批次号单据，可以不勾选主票，默认为主票。

☞ **操作五**

凭证模板设置

凭证模板设置是对归集而成的票据进行凭证模板信息设置。凭证模板具体设置流程如图 5-3-10 所示。

图 5-3-10　凭证模板设置流程

（一）凭证头设置

进入会计场景"房租费"，点击"新增模板"开始设置房租费业务的凭证头内容（见图 5-3-11）。保险费设置同理，不再赘述。

图 5-3-11　凭证头设置

会计业务场景：房租费。记账日期：@开票日期。制单人：赵旭。模板名称：房租费。凭证字：记账凭证。推送方式：自动推送。

（二）分录设置

在进行房租费和保险费的分录设置时，需要注意取得的发票是增值税专用发票、普票还是电子普票。取得的发票是增值税专用发票，将增值税专用发票的税额直接抵减"其他应付款——房租费摊销"（或"其他应付款——保险费摊销"）科目。若取得的是普票和电子普票，则税额无法抵减，在进行会计分录设置时，无须添加"应交税费——应交增值税（进项税额）"科目，直接将票面金额全部计入"其他应付款"和"应付账款"。对于保险费要注意其摊销期限是否在一年以上，摊销时间在一年以上的保险费支出通过"长期待摊费用——保险费摊销"科目进行摊销。

▶ **操作指导**

房租费分录模型设置见图5-3-12。

步骤1：进入"业务建模—凭证模板设置"，会计场景"费用业务"，点击新增凭证模板"房租费"。

步骤2：选中"房租费"，点击"编辑模板"，场景名称设置为"房租费"。

步骤3：设置分录：

借：其他应付款——房租费摊销（224102）

　　应交税费——应交增值税（进项税额）（22210101）

　贷：应付账款（2202）

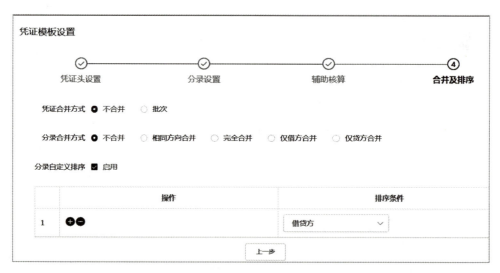

图5-3-12　房租费业务凭证模板分录设置

（三）辅助核算设置

房租费和保险费需要进行辅助核算设置。由于在发票中供应商信息对应的是销售方栏位的内容，因此在供应商辅助核算项上添加"@销售方"的固定栏位，操作符选择为"等于"（见图5-3-13）。

图 5-3-13　辅助核算设置

（四）合并及排序设置

1. 凭证合并方式。依照业务要求，房房租费和保险费业务的凭证合并方式设置为"不合并"（见图 5-3-14）。

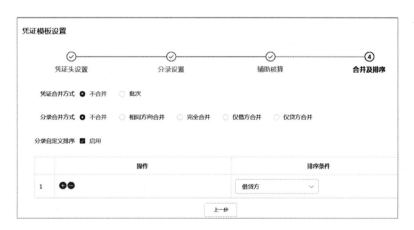

图 5-3-14　合并及排序设置

2. 分录合并方式。不同的分录合并方式形成的记账凭证也不同，根据业务要求，房租费和保险费业务选择为"不合并"。

3. 分录自定义排序。分录自定义排序选择"启用"，将排序条件设置为"借贷方"，生成的会计分录会按照借贷方进行排序。若不进行排序设置，则生成的凭证借贷方金额混乱无序，不易于校对。

（五）生成凭证

经过票据类别、场景类别、场景配置和凭证模板四个流程的设置，对单据进行识别、审核记账后即可生成凭证。在"影像管理—影像识别"中先选择需要识别的单据，点击识别，选择相应的账期，即可识别单据上的明细内容。识别完成后，核对识别结果，若识别结果无误，则点击单据审核，审核完成后，即可生成相应的凭证（见图 5-3-15）。

记账凭证

凭证字 记-4-1/1 号　　　　　　日期：2019-07-28　　　　　　单位：厦门铭鸿电子科技有限公司　　　　　　附单据：1张

摘要	会计科目	借方金额	贷方金额
房租摊销	22210101 应交税费-应交增值税-进项税额	4,320.00	
房租摊销	224104 其他应付款-房租费摊销	48,000.00	
房租摊销	2202 应付账款		52,320.00
合计：伍万贰仟叁佰贰拾元整		52,320.00	52,320.00

制单人：赵怡

图 5-3-15　生成记账凭证

🗎 云端演练

【实训任务】

水电费业务的处理。

【实训目标】

1. 熟悉水电费业务的处理流程及操作步骤；

2. 能熟练完成水电费业务的凭证模板的设置；

3. 能熟练完成水电费业务财务机器人自动账务处理。

【任务描述】

2019 年 8 月 26 日，厦门铭鸿电子科技有限公司支付水电费并取得增值税专用发票（见图 5-3-16 和图 5-3-17）。其中：水费 1 900 元，增值税税额 171 元；电费 7 200 元，增值税，额 936 元。请根据下列原始凭证，通过财务机器人云平台完成水电费业务的处理。（注：水电费业务操作同房租费业务处理）

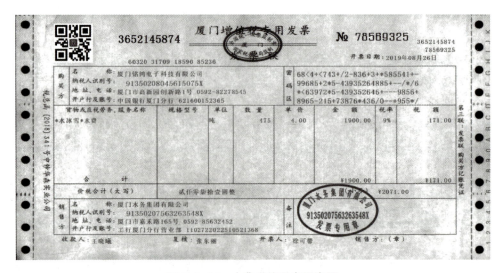

图 5-3-16　水费增值税专用发票

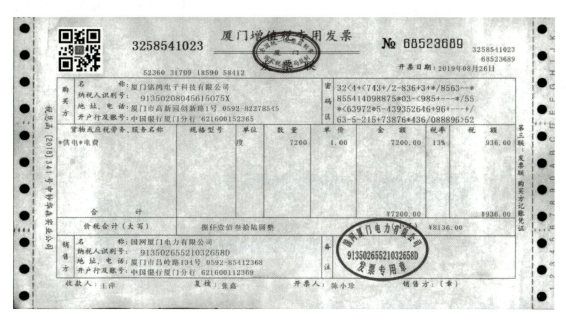

图 5-3-17　电费增值税专用发票

【**考核评价**】

考核评价记录表如表 5-3-1 所示。

表 5-3-1　考核评价记录表

过程考核（30%）		结果考核（60%）		增值评价（10%）	
考核内容及分值比重	得分	考核内容及分值比重	得分	考核等级 及赋分标准	得分
职业态度（10%）（教师评价）		房租费等费用业务的票据类别设置（15%）		A（10 分）	
课堂表现（10%）（教师评价）		房租费等费用业务的场景类别和场景配置 设置（15%）		B（5 分）	
创新合作（10%）（小组评价）		房租费等费用业务的凭证模型设置（30%）		C（0 分）	
合计		—			
自我 反馈	收获：				
	困惑：				

任务 4　税费缴纳业务处理

🎯 学习目标

• 熟悉税费缴纳业务的概述；

- 熟悉税费缴纳业务的相关账务处理；
- 掌握业务票据建模中税费缴纳业务建模。

📋 **知识框架**

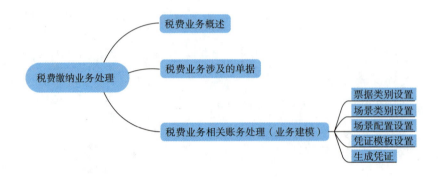

📝 **知识准备**

一、税费业务概述

企业应缴纳的各种税费包括：增值税、附加税、社保费、所得税、消费税、房产税、印花税、资源税、土地增值税、车船税、土地使用税、耕地占用税等。企业应设置"应交税费"账户，核算企业按照税法等规定计算应缴纳的各种税费。该账户属于负债类，贷方登记按规定计算应交的税费，借记"应收账款""税金及附加""所得税费用""应付职工薪酬"等账户；借方登记支付的税费，贷记"银行存款"账户。期末，若为贷方余额，反映企业尚未缴纳的税费；若为借方余额，反映企业多交或尚未抵扣的税费。

二、税费业务涉及的单据

税费业务涉及的单据主要是缴纳税费的银行回单及税费的计提单据。

三、税费业务相关账务处理（业务建模）

【实训任务】

■ **任务描述**

2019 年 7 月 19 日，厦门铭鸿电子科技有限公司进行社保费、工会经费、附加费、增值税、印花税、企业所得税及个人所得税的缴纳。财务部缴纳完成相关税费并取得 7 张银行缴税付款凭证（见图 5-4-1 至图 5-4-7）。根据厦门铭鸿电子科技有限公司提供的企业背景、业务情景和业务票据相关信息，在财务机器人云平台上建立相关业务模型并自动生成记账凭证。（账期为 2019 年 7 月，凭证合并方式为批次合并，分录合并方式为完全合并）

国内支付业务付款回单

客户号：282673940		日期：2019年07月13日
付款人账号：621600152365		收款人账号：
付款人名称：厦门铭鸿电子科技有限公司		收款人名称：国家金库厦门市支库
付款人开户行：中国银行厦门分行		收款人开户行：

金额：CNY21,772.44
　　人民币　贰万壹仟柒佰柒拾贰元肆角肆分

业务种类：批量缴费　　业务编码：60718486　　凭证号码：2019071310200388
纳税人识别号：91350208045615075X　缴款书交易流水号：10200税票号码：432006190400029980
纳税人全称：厦门铭鸿电子科技有限公司
征收机关名称：厦门市湖里区税务局
收款国库（银行）名称：国家金库厦门市支库

税（费）种名称	所属日期	实缴金额
养老保险费	2019/07/01-2019/07/31	CNY14,725.80
失业保险费	2019/07/01-2019/07/31	CNY545.40
工伤保险费	2019/07/01-2019/07/31	CNY65.52
生育保险费	2019/07/01-2019/07/31	CNY436.32
医疗保险费	2019/07/01-2019/07/31	CNY5,999.40

自助打印，请避免重复

交易机构：49106　　交易渠道：其他　　交易流水号：146796643 经办
回单编号：2019071316681883　　回单验证码：6DJ676388 打印时间：　　打印次数：

打印时间：2019/07/13　15:22:15　　打印次数：1（自助打印，注意重复）
盖章验证：6DJ4019436FKD279

图 5-4-1　社保费扣款回单

国内支付业务付款回单

客户号：282673940		日期：2019年07月13日
付款人账号：621600152365		收款人账号：
付款人名称：厦门铭鸿电子科技有限公司		收款人名称：国家金库厦门市支库
付款人开户行：中国银行厦门分行		收款人开户行：

金额：CNY1,906.00
　　人民币　壹仟玖佰零陆元整

业务种类：实时缴费　　业务编码：68876906　　凭证号码：2019071331440964
纳税人识别号：91350208045615075X　缴款书交易流水号：31212税票号码：332056190400094267
纳税人全称：厦门铭鸿电子科技有限公司
征收机关名称：厦门市湖里区税务局
收款国库（银行）名称：国家金库厦门市支库

税（费）种名称	所属日期	实缴金额
工会经费	2019/06/01-2019/06/30	CNY1,906.00

自助打印，请避免重复

交易机构：49106　　交易渠道：其他　　交易流水号：497301403 经办

回单编号：2019071312349015　　回单验证码：4DJ504954 打印时间：　　打印次数：

打印时间：2019/07/13　12:49:35　　打印次数：1（自助打印，注意重复）
盖章验证：5DJ9597938FKD166

图 5-4-2　工会经费扣款回单

国内支付业务付款回单

客户号：282673940	日期：2019年07月15日
付款人账号：621600152365	收款人账号：
付款人名称：厦门铭鸿电子科技有限公司	收款人名称：国家金库厦门市支库
付款人开户行：中国银行厦门分行	收款人开户行：

金额：CNY35,621.21
人民币 叁万伍仟陆佰贰拾壹元贰角壹分

业务种类：实时缴税　　业务编码：60724488　　　　　　凭证号码：2019071529767732
纳税人识别号：9135020804565075X　缴款书交易流水号：29452　税票号码：3320561904057589043
纳税人全称：厦门铭鸿电子科技有限公司
征收机关名称：厦门市湖里区税务局
收款国库（银行）名称：国家金库厦门市支库

税（费）种名称	所属日期	实缴金额
增值税	2019/06/01-2019/06/30	CNY35,621.21

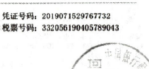

自助打印，请避免重复

交易机构：49106　　　交易渠道：其他　　　交易流水号：675367819 经办

回单编号：2019071513600074　　回单验证：3DJ7126805F 打印时间：　　　　打印次数：

打印时间：2019/07/15　11:16:39　　打印次数：1（自助打印，注意重复）
盖章验证：9DJ4641333FKD853

图 5-4-3　增值税扣款回单

国内支付业务付款回单

客户号：282673940	日期：2019年07月15日
付款人账号：621600152365	收款人账号：
付款人名称：厦门铭鸿电子科技有限公司	收款人名称：国家金库厦门市支库
付款人开户行：中国银行厦门分行	收款人开户行：

金额：CNY4,274.54
人民币 肆仟贰佰柒拾肆元伍角肆分

业务种类：实时缴税　　业务编码：54367857　　　　　　凭证号码：2019071529002348
纳税人识别号：9135020804565075X　缴款书交易流水号：29447　税票号码：33205619046838047
纳税人全称：苏州速达物流有限公司
征收机关名称：厦门市湖里区税务局
收款国库（银行）名称：国家金库吴江平望镇金库

税（费）种名称	所属日期	实缴金额
教育费附加	2019/06/01-2019/06/30	CNY1,068.64
城市维护建设税	2019/06/01-2019/06/30	CNY2,493.48
地方教育附加	2019/06/01-2019/06/30	CN712.42

自助打印，请避免重复

交易机构：49106　　　交易渠道：其他　　　交易流水号：558050196 经办

回单编号：2019071516789706　　回单验证码：6DJ794059 打印时间：　　　　打印次数：

打印时间：2019/07/15　16:49:30　　打印次数：1（自助打印，注意重复）
盖章验证：6DJ9222662FKD511

图 5-4-4　附加费扣款回单

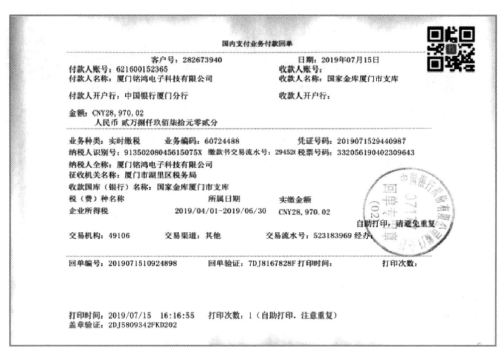

图 5-4-5　企业所得税扣款回单

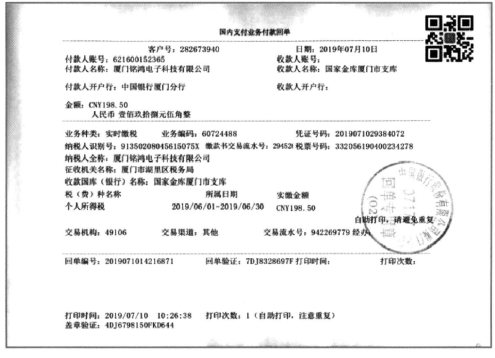

图 5-4-6　个人所得税扣款回单

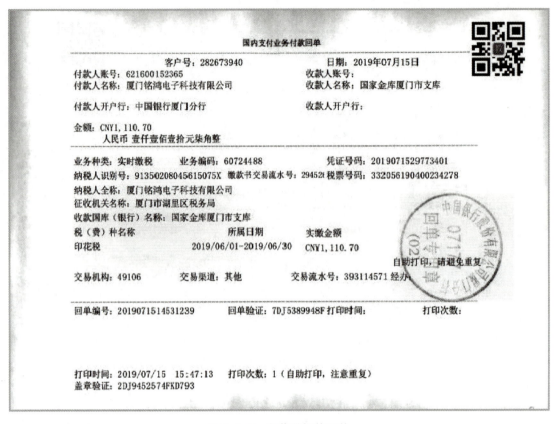

图 5-4-7　印花税扣款回单

■ **任务操作**

　　根据厦门铭鸿公司案例背景和业务场景、业务票据所提供的信息进行后续建模处理。财务机器人业务规则配置流程如图 5-4-8 所示。

图 5-4-8　业务票据建模流程

☞ **操作一**

扫描上传票据并识别

　　在进行建模设置之前首先需要导入单据数据，查看单据信息（见图 5-4-9）。在建模之前对单据进行识别，可以查看票据所识别的栏位基本信息，这些信息便是后续建模设置中可选择使用的"筛选项"，单据识别在业务票据建模之前或者之后都可以进行，但审核记账只有在业务票据建模设置完成后才能进行，审核记账后生成凭证。

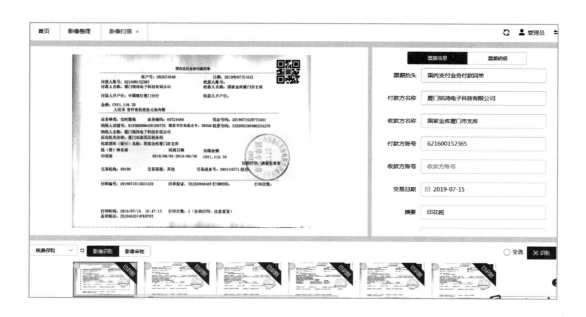

图 5-4-9　扫描上传税费票据并识别

☞ **操作二**

税费缴纳业务票据类别设置

票据类别设置是在票据进行简单分类的基础上，进行信息的匹配设置，其设置具体如图 5-4-10 所示。

图 5-4-10　票据类别设置流程

业务信息显示，2019 年 7 月 19 日，厦门铭鸿电子科技有限公司发生的税费缴纳业务取得的单据都为有回扣款回单，因此进行票据类别设置时，要按照要求设置银行付款回单的票据类别。

▶ **操作指导**

步骤 1：根据业务票据中的单据信息，进入"业务票据建模—票据类别"开始设置。点击"新增大类"，在主类别文本框内输入"银行票据"，最后保存即可。

步骤 2：设置完大类信息后，对细类进行设置。在主类别"银行票据"下，点击"新增细类"，设置细分类别。在"新增细类"操作界面中，输入类别名称"银行付款回单"。

步骤 3：从系统预设好的票据种类中选择"银行回单"。

步骤 4：添加筛选条件，筛选项设置为"@付款方名称"，操作符为"等于"，匹配值

163

为"厦门铭鸿电子科技有限公司"（见图 5-4-11）。

图 5-4-11　票据类别设置

☞ **操作三**

税费缴纳场景类别设置

场景类别设置主要是把设置好的票据类别按照企业的业务场景进行设置。根据业务情景和业务票据信息显示，场景类别设置流程如图 5-4-12 所示。

图 5-4-12　票据场景类别设置流程

业务情景、业务票据和业务要求相关信息显示，徐州佳和美商贸有限公司发生增值税和附加税的缴纳业务。业务单据显示，两张单据的摘要部分为"增值税扣款"和"附加税扣款"，可以提取出摘要的相同部分"税扣款"作为匹配值，因此将筛选项设置为"@摘要"。将场景类别大类设置为"往来场景"，明细类设置为"缴纳税款"。

▶ **操作指导**

步骤 1：在"业务票据建模"处进入"场景类别"页面，点击"新增大类"，输入主类别名称"往来场景"，然后保存。

步骤 2：在主类别"往来场景"下，点击"新增细类"，输入类别名称分别为"缴纳税款""缴纳社保""支付员工工资"等。

步骤 3：选择会计票种"银行付款回单⇒银行回单"。

步骤 4：筛选项的设置可以设置为"@摘要"，操作符为"包含"，匹配值分别为"税""社保费""批量代发工资"。（见图 5-4-13）。

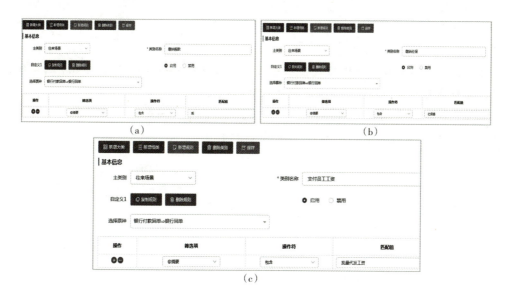

图 5-4-13　税费缴纳场景类别设置

> **知识点拨**
>
> 1. 若选择的票种是增值税电子普票，设置筛选条件时只需设置购买方，无须设置联次。增值税电子普票只有一联，无联次之分。
>
> 2. 操作符为"等于"意味着其内容需要与票面完全匹配，操作符为"包含"，则票面内容需要包含所设置内容。
>
> 3. 一个票种可以配置多项规则，同一组会计票种规则内的所有规则要同时满足才算满足该组规则。

☞ **操作四**

税费缴纳场景配置设置

税费缴纳业务场景配置的设置流程如图 5-4-14 所示。

图 5-4-14　场景配置设置流程

业务情景和业务要求相关信息显示，税费缴纳业务无须进行批次设置，在进行场景配置时，不用勾选主票设置，直接将设置好的往来业务场景和相应的票据类别进行组合配置，设置组合名称，形成一个完整的业务场景。

▶ **操作指导**

步骤 1：进入"业务票据建模—场景配置"，点击"新增主场景"，主场景名称设置为"往来业务"。

步骤2：在"往来业务"场景下，点击"新增场景"，输入场景名称分别为"缴纳工会经费""缴纳社保""缴纳税费"。

步骤3：点击添加按钮新增项目，在场景类别项目中分别选择"往来场景⇒缴纳工会经费""往来场景⇒缴纳社保""往来场景⇒缴纳税款"。

步骤4：在"往来场景⇒缴纳税款"场景中选择相应的票据类别，支付货款应选择"银行付款回单"，无须设置组合名称（见图5-4-15）。

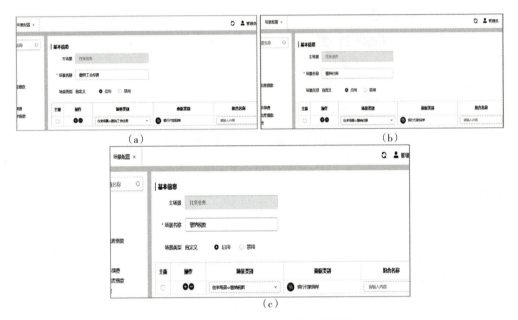

图 5-4-15　税费缴纳场景配置设置

☞ **操作五**

税费缴纳凭证模板设置

凭证模板设置是对归集而成的票据进行凭证模板信息设置。凭证模板具体设置流程如图5-4-16所示。

图 5-4-16　凭证模板设置流程

（一）凭证头设置

进入会计场景"税费缴纳"，点击"新增模板"开始设置业务的凭证头内容（见图5-4-17至图5-4-19）。

会计业务场景：缴纳工会经费、缴纳社保、缴纳税费。记账日期：@交易日期。制单人：赵旭。模板名称：缴纳工会经费、缴纳社保费、缴纳税款。凭证字：记账凭证。推送方式：自动推送。

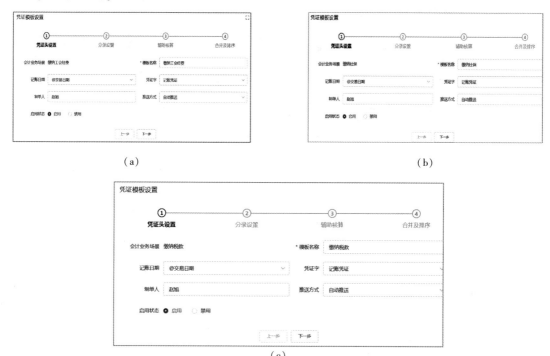

（a）　　　　　　　　　　　　　　　　　　（b）

（c）

图 5-4-17　税费缴纳凭证设置

（二）税费缴纳凭证模板设置

税费缴纳业务在设置凭证模板时，可以使用两种方式进行。一是使用明细对会计科目进行匹配。二是采用科目匹配方式匹配凭证的会计科目。通常采用的是前者，在会计科目中选择一级科目"应交税费"，科目匹配类型处选择明细，之后进行明细项目的辅助核算即可。采用应交税费明细模糊匹配无法生成凭证的话，可以使用科目匹配方式进行匹配。如本题的业务情景和业务单据显示，进行的是增值税和附加税的缴纳。城市维护建设税、教育费附加和地方教育附加对应"应交税费"进行明细匹配可以一一对应到会计科目，但是增值税却不行。在一级科目"应交税费"下，涉及增值税的会计科目有"应交税费——应交增值税""应交税费——未交增值税"等。使用单据明细信息进行模糊匹配时，这两种科目都有可能识别到，无法做到一一对应，因此缴纳增值税需要使用科目匹配方式生成会计凭证。具体凭证模板设置如图 5-4-18 所示。

（a）

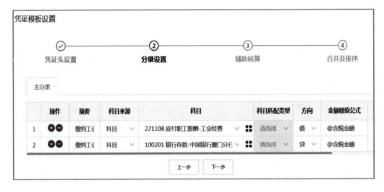

（b）

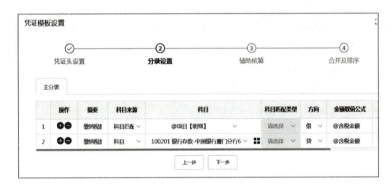

（c）

图 5-4-18　税费缴纳凭证模板设置

（三）税费缴纳设置辅助核算

　　税费缴纳业务需要设置辅助核算项，在明细栏添加取值规则。若分录设置处的科目匹配类型选择为"明细"，那么设置固定栏位为"项目【明细】"，操作符为"包含"（见图 5-4-19）。"包含"意味着模糊匹配，操作符若使用"等于"意味着需要与会计科目完全一致。

图 5-4-19　税费缴纳辅助核算设置

（四）合并及排序设置

1. 凭证合并方式。依照业务要求，税费缴纳业务的凭证合并方式设置为"不合并"。

2. 分录合并方式。不同的分录合并方式形成的记账凭证也不同，根据业务要求，税费缴纳业务选择为"不合并"。

3. 分录自定义排序。分录自定义排序选择"启用"，将排序条件设置为"借贷方"，生成的会计分录会按照借贷方进行排序（见图 5-4-20）。若不进行排序设置，则生成的凭证借贷方金额混乱无序，不易于校对。

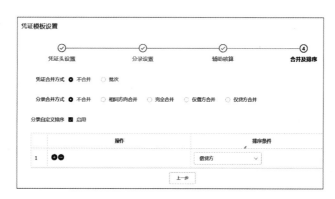

图 5-4-20　税费缴纳合并及排序

（五）科目匹配

通过科目匹配方式生成凭证是指利用税费缴纳业务会计分录中的相同之处。缴纳税费贷方科目都是"银行存款"，借方所使用的科目也较为固定，一般是各个税种。其原理是将票据上的关键信息提取出来与科目进行匹配。以增值税为例，在凭证模板中设置科目来源为科目匹配，即"@项目【明细】"，所以匹配值对应的就是票据的项目明细信息。进入"业务票据建模—科目匹配"，点击新增进行设置。在科目代码处选择相应的科目，匹配值对应的是单据上的税费明细。业务票据中显示的税费为增值税，科目代码处就相应选择"222102 未交增值税"，科目名称匹配的便是未交增值税科目，最后在匹配值处填上银行回单对应的明细"增值税"即匹配完成（见图 5-4-21）。

科目名称	科目代码	匹配值	是否启用	操作
应交税费-应交个人所得税	222107	个人所得税	启用	修改　删除
应交税费-未交增值税	222102	增值税	启用	修改　删除
应付职工薪酬-医疗保险	221102	医疗保险费	启用	修改　删除
应付职工薪酬-工伤保险	221101	工伤保险费	启用	修改　删除
税金及附加	6403	印花税	启用	修改　删除
应付职工薪酬-生育保险	221104	生育保险费	启用	修改　删除
应付职工薪酬-设定提存计划	221105	失业保险费	启用	修改　删除
应交税费-应交所得税	222103	企业所得税	启用	修改　删除
应交税费-应交教育费附加	222105	教育费附加	启用	修改　删除
应付职工薪酬-设定提存计划	221105	养老保险费	启用	修改　删除
应交税费-应交城市维护建设税	222104	城市维护建设税	启用	修改　删除
应交税费-应交地方教育附加	222106	地方教育附加	启用	修改　删除

图 5-4-21　税费缴纳科目匹配

（六）生成凭证

经过票据类别、场景类别、场景配置和凭证模板和科目匹配流程的设置，对单据进行识别、审核后即可生成凭证。在"影像管理—影像识别"中先选择需要识别的单据，点击识别，选择相应的账期，即可识别单据上的明细内容。识别完成后，核对识别结果，若识别结果无误，则点击单据审核，审核完成后，即可生成相应的凭证。在"凭证预处理—业务票据凭证"处可以查看生成的凭证（见图5-4-22至图5-4-28）。

记账凭证

凭证字 记-25-1/2 号　　　　日期：2019-07-13　　　　单位：厦门铭鸿电子科技有限公司　　　　附单据：1张

摘要	会计科目	借方金额	贷方金额
缴纳社保	221105 应付职工薪酬-设定提存计划	545.40	
缴纳社保	221105 应付职工薪酬-设定提存计划	14,725.80	
缴纳社保	221104 应付职工薪酬-生育保险	436.32	
缴纳社保	221102 应付职工薪酬-医疗保险	5,999.40	
缴纳社保	221103 应付职工薪酬-工伤保险	65.52	
合计：			
制单人：赵旭			

（a）

记账凭证

凭证字 记-25-2/2 号　　　　日期：2019-07-13　　　　单位：厦门铭鸿电子科技有限公司　　　　附单据：1张

摘要	会计科目	借方金额	贷方金额
缴纳社保	100201 银行存款-中国银行厦门分行621600152365		21,772.44
合计：贰万壹仟柒佰柒拾贰元肆角肆分		21,772.44	21,772.44
制单人：赵旭			

（b）

图5-4-22　社保费缴纳凭证

记账凭证

凭证字 记-24-1/1 号　　　　日期：2019-07-13　　　　单位：厦门铭鸿电子科技有限公司　　　　附单据：1张

摘要	会计科目	借方金额	贷方金额
缴纳工会经费	221108 应付职工薪酬-工会费	1,906.00	
缴纳工会经费	100201 银行存款-中国银行厦门分行621600152365		1,906.00
合计：壹仟玖佰零陆元整		1,906.00	1,906.00
制单人：赵旭			

图5-4-23　工会经费缴纳凭证

记账凭证

凭证字 记-23-1/1 号　　　　　　日期：2019-07-15　　　　　　单位：厦门铭鸿电子科技有限公司　　　　　　附单据：1张

摘要	会计科目	借方金额	贷方金额
缴纳税款	222102 应交税费-未交增值税	35,621.21	
缴纳税款	100201 银行存款-中国银行厦门分行621600152365		35,621.21
合计：叁万伍仟陆佰贰拾壹元贰角壹分		35,621.21	35,621.21

制单人：赵旭

图 5-4-24　增值税缴纳凭证

记账凭证

凭证字 记-22-1/1 号　　　　　　日期：2019-07-15　　　　　　单位：厦门铭鸿电子科技有限公司　　　　　　附单据：1张

摘要	会计科目	借方金额	贷方金额
缴纳税款	222105 应交税费-应交教育费附加	1,068.64	
缴纳税款	222104 应交税费-应交城市维护建设税	2,493.48	
缴纳税款	222106 应交税费-应交地方教育附加	712.42	
缴纳税款	100201 银行存款-中国银行厦门分行621600152365		4,274.54
合计：肆仟贰佰柒拾肆元伍角肆分		4,274.54	4,274.54

制单人：赵旭

图 5-4-25　附加费缴纳凭证

记账凭证

凭证字 记-20-1/1 号　　　　　　日期：2019-07-10　　　　　　单位：厦门铭鸿电子科技有限公司　　　　　　附单据：1张

摘要	会计科目	借方金额	贷方金额
缴纳税款	222107 应交税费-应交个人所得税	198.50	
缴纳税款	100201 银行存款-中国银行厦门分行621600152365		198.50
合计：壹佰玖拾捌元伍角		198.50	198.50

制单人：赵旭

图 5-4-26　个人所得税缴纳凭证

记账凭证

凭证字 记-21-1/1 号　　　　　日期：2019-07-15　　　　　单位：厦门铭鸿电子科技有限公司　　　　　附单据：1张

摘要	会计科目	借方金额	贷方金额
缴纳税款	222103 应交税费-应交所得税	28,970.02	
缴纳税款	100201 银行存款-中国银行厦门分行621600152365		28,970.02
合计：贰万捌仟玖佰柒拾元零贰分		28,970.02	28,970.02
制单人：赵旭			

图 5-4-27　企业所得税缴纳凭证

记账凭证

凭证字 记-19-1/1 号　　　　　日期：2019-07-15　　　　　单位：厦门铭鸿电子科技有限公司　　　　　附单据：1张

摘要	会计科目	借方金额	贷方金额
缴纳税款	6403 税金及附加	1,110.70	
缴纳税款	100201 银行存款-中国银行厦门分行621600152365		1,110.70
合计：壹仟壹佰壹拾元柒角		1,110.70	1,110.70
制单人：赵旭			

图 5-4-28　印花税缴纳凭证

云端演练

【实训任务】

税费缴纳业务的处理。

【实训目标】

1. 熟悉税费缴纳业务的处理流程及操作步骤；
2. 能熟练完成税费缴纳业务票据类别、场景类别和场景配置设置；
3. 能熟练完成税费缴纳业务的凭证模型设置；
4. 能熟练完成税费缴纳业务财务机器人自动账务处理。

【任务描述】

2019 年 8 月 12 日，厦门铭鸿电子科技有限公司进行社保费、工会经费的缴纳；2019 年 8 月 13 日，进行增值税、教育费附加的缴纳；2019 年 8 月 15 日，进行印花税、个人所得税的缴纳。财务部缴纳完成并取得银行缴税付款凭证（见图 5-4-29 至图 5-4-34）。根据厦门铭鸿电子科技有限公司提供的企业背景、业务情景和业务票据相关信息，在财务机器人云平台上建立相关业务模板并自动生成记账凭证。（账期为 2019 年 8 月，凭证合并方式为批次合并，分录合并方式为完全合并）

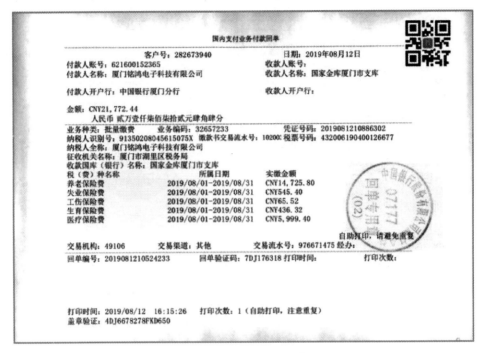

图 5-4-29　缴纳社保费

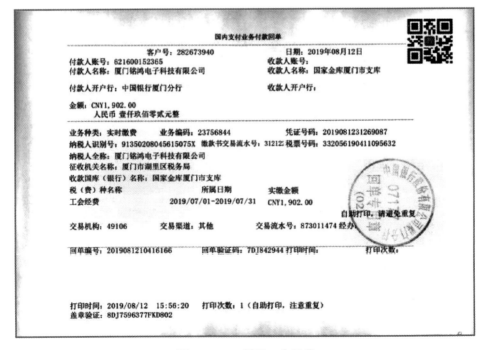

图 5-4-30　缴纳工会经费

国内支付业务付款回单

客户号：282673940	日期：2019年08月13日
付款人账号：621600152365	收款人账号：
付款人名称：厦门铭鸿电子科技有限公司	收款人名称：国家金库厦门市支库
付款人开户行：中国银行厦门分行	收款人开户行：

金额：CNY47,822.46
人民币 肆万柒仟捌佰贰拾贰元肆角陆分

业务种类：实时缴税	业务编码：60724488	凭证码：2019081329776240
纳税人识别号：9135020804565075X	缴款书交易流水号：29452	税票号码：3320561904462594030
纳税人全称：厦门铭鸿电子科技有限公司		
征收机关名称：厦门市湖里区税务局		
收款国库（银行）名称：国家金库厦门市支库		

税（费）种名称	所属日期	实缴金额
增值税	2019/07/01-2019/07/31	CNY47,822.46

自助打印，请避免重复

交易机构：49106　　交易渠道：其他　　交易流水号：753370336 经办：

回单编号：2019081314029739　　回单验证：9DJ9632835F 打印时间：　　打印次数：

打印时间：2019/08/13　15:23:38　　打印次数：1（自助打印，注意重复）
盖章验证：5DJ5754648FKD473

图 5-4-31　缴纳增值税

国内支付业务付款回单

客户号：282673940	日期：2019年08月13日
付款人账号：621600152365	收款人账号：
付款人名称：厦门铭鸿电子科技有限公司	收款人名称：国家金库厦门市支库
付款人开户行：中国银行厦门分行	收款人开户行：

金额：CNY5,738.69
人民币 伍仟柒佰叁拾捌元陆角玖分

业务种类：实时缴税	业务编码：60717090	凭证码：2019081329660091
纳税人识别号：9135020804565075X	缴款书交易流水号：29447	税票号码：3320561904067930343
纳税人全称：厦门铭鸿电子科技有限公司		
征收机关名称：厦门市湖里区税务局		
收款国库（银行）名称：国家金库吴江平望镇金库		

税（费）种名称	所属日期	实缴金额
教育费附加	2019/07/01-2019/07/31	CNY1,434.67
城市维护建设税	2019/07/01-2019/07/31	CNY3,347.57
地方教育附加	2019/07/01-2019/07/31	CN956.45

自助打印，请避免重复

交易机构：49106　　交易渠道：其他　　交易流水号：728086228 经办：

回单编号：2019081311212917　　回单验证码：6DJ528944 打印时间：　　打印次数：

打印时间：2019/08/13　17:52:25　　打印次数：1（自助打印，注意重复）
盖章验证：7DJ1627670FKD932

图 5-4-32　缴纳附加费

国内支付业务付款回单

客户号：282673940　　　　　　　　　　日期：2019年08月15日
付款人账号：621600152365　　　　　　　　收款人账号：
付款人名称：厦门铭鸿电子科技有限公司　　　收款人名称：国家金库厦门市支库
付款人开户行：中国银行厦门分行　　　　　　收款人开户行：

金额：CNY1,159.20
　　人民币 壹仟壹佰伍拾玖元贰角整

业务种类：实时缴税　　业务编码：60724488　　　凭证号码：2019081529970167
纳税人识别号：9135020804561 5075X　缴款书交易流水号：29452　税票号码：332056190400335290
纳税人全称：厦门铭鸿电子科技有限公司
征收机关名称：厦门市湖里区税务局
收款国库（银行）名称：国家金库厦门市支库
税（费）种名称　　　　　　所属日期　　　　　实缴金额
印花税　　　　　　　2019/07/01-2019/07/31　　CNY1,159.20
　　　　　　　　　　　　　　　　　　　　　　自助打印，请避免重复
交易机构：49106　　　交易渠道：其他　　　交易流水号：745481167 经办

回单编号：2019081512155200　　回单验证：2DJ8751755F 打印时间：　　　　打印次数：

打印时间：2019/08/15　12:51:44　　打印次数：1（自助打印，注意重复）
盖章验证：1DJ8805441FKD407

图 5-4-33　缴纳印花税

国内支付业务付款回单

客户号：282673940　　　　　　　　　　日期：2019年08月15日
付款人账号：621600152365　　　　　　　　收款人账号：
付款人名称：厦门铭鸿电子科技有限公司　　　收款人名称：国家金库厦门市支库
付款人开户行：中国银行厦门分行　　　　　　收款人开户行：

金额：CNY204.30
　　人民币 贰佰零肆元叁角整

业务种类：实时缴税　　业务编码：60724488　　　凭证号码：2019081529171203
纳税人识别号：9135020804561 5075X　缴款书交易流水号：29452　税票号码：332056190400880330
纳税人全称：厦门铭鸿电子科技有限公司
征收机关名称：厦门市湖里区税务局
收款国库（银行）名称：国家金库厦门市支库
税（费）种名称　　　　　　所属日期　　　　　实缴金额
个人所得税　　　　　2019/07/01-2019/07/31　　CNY204.30
　　　　　　　　　　　　　　　　　　　　　　自助打印，请避免重复
交易机构：49106　　　交易渠道：其他　　　交易流水号：351194633 经办

回单编号：2019081516165875　　回单验证：6DJ9037794F 打印时间：　　　　打印次数：

打印时间：2019/08/15　16:22:13　　打印次数：1（自助打印，注意重复）
盖章验证：7DJ6522270FKD644

图 5-4-34　缴纳个人所得税

智能会计实务

【考核评价】

考核评价记录表如表5-4-1所示。

表5-4-1　考核评价记录表

过程考核（30%）		结果考核（60%）		增值评价（10%）	
考核内容及分值比重	得分	考核内容及分值比重	得分	考核等级及赋分标准	得分
职业态度（10%）（教师评价）		税费缴纳业务的票据类别设置（15%）		A（10分）	
课堂表现（10%）（教师评价）		税费缴纳业务的场景类别和场景配置设置（15%）		B（5分）	
创新合作（10%）（小组评价）		税费缴纳业务的凭证模板设置（30%）		C（0分）	
合计		—		—	
自我反馈	收获：				
	困惑：				